Luane Lemos (ORG.)

MANUAL DE GESTÃO AMBIENTAL PORTUÁRIA

Ana Carolina Coutinho
Jackeline Gonçalves
Jessica Galvão
Juliana Holanda
Livia Rios
Samara Soares
Thalita Furtado
Valeria Sanches

Apresentação

DEBORAH BAESSE

Esse trabalho é um presente para nós, leitores! Fruto da experiência cotidiana de um grupo de profissionais, mulheres portuárias, é ouro em pó ofertado generosamente a quem tem interesse no tema gestão ambiental portuária.

Amalgamado a partir do encontro entre conhecimentos teóricos e a vivência profissional das autoras, pessoas que fazem acontecer práticas sustentáveis em instalações portuárias brasileiras, lidando com toda a complexidade inerente a esse trabalho, a obra traz como principal diferencial seu caráter prático e vivencial.

O leitor é levado a compreender conceitos básicos da atividade portuária e da gestão ambiental, envolvido no tema por meio de um contexto claro e objetivo, transitando por um verdadeiro "mapa do tesouro", onde lhe são entregues em detalhe fundamentos, normas, processos e procedimentos amplamente exemplificados e testados por quem atua nesse mercado.

Para John Dewey, o trabalho, sendo um esforço contínuo para a realização de algum fim específico, é em si mesmo uma forma de investigação intelectual, uma busca por conhecimento em conexão com situações específicas. Dito de outra forma, é na reflexão sobre a ação que o conhecimento se constrói. Assim, à medida em que atuam sobre a realidade por meio do seu trabalho concreto, as autoras refletem sobre essa ação em um movimento de pensar-fazer-pensar que ressignifica e aprimora aquilo que fazem, fazendo emergir conhecimento do fazer diário.

O conceito filosófico de práxis ajuda a decifrar o movimento dialético entre teoria e prática que, longe de serem categorias antagônicas, marcam o diálogo entre ação e reflexão. O mestre Paulo Freire afirma que "a práxis é um ato concreto, um ato de conhecimento e de transformação da realidade. Na práxis, homens e mulheres se descobrem sujeitos que pensam e que, ao pensarem, criam a cultura de sua época".

Mulheres profissionais em diferentes estágios de carreira oferecem textos complementares entre si, aliando conteúdos extremamente técnicos a aspectos voltados à prevenção, inovação e educação ambiental, extrapolando o campo epistêmico com o sensível.

Em um mundo com tantos desafios socioambientais, marcado pelas mudanças climáticas, avanço do desmatamento, poluição dos oceanos, guerras e profundas desigualdades sociais, este trabalho é sobretudo um sopro de esperança, um guia para a prevenção e cuidado com o ambiente, uma ode à sustentabilidade, um convite aos atores dos setores logístico e portuário à adequação de suas práticas, tornando-se protagonistas de um mundo melhor, mais justo, saudável e igualitário em que todos queremos viver. Gandhi nos ensina que precisamos SER a mudança que queremos VER no mundo. Eis aqui um manual que aponta por onde começar.

Boa leitura.

Deborah Baesse
Doutora em Ciências – UERJ
Mestre em Educação – UECE

Introdução

LUANE LEMOS

Os portos desempenham um papel vital na interconexão global, facilitando o comércio e o transporte de bens essenciais em escala internacional. No entanto, essa atividade econômica crucial frequentemente vem acompanhada de desafios ambientais significativos. A necessidade de equilibrar o desenvolvimento portuário com a proteção do meio ambiente é mais premente do que nunca. Nesse contexto, o *Manual de Gestão Ambiental Portuária* surge como uma ferramenta indispensável para orientar gestores, profissionais e stakeholders envolvidos na administração e operação de portos, na busca por uma gestão ambiental portuária eficiente.

Este manual aborda de forma abrangente os principais aspectos da gestão ambiental portuária, delineando estratégias práticas e oferecendo insights valiosos para promover a sustentabilidade e a mitigação dos impactos ambientais associados às atividades portuárias. Dividido em capítulos específicos, cada um dedicado a uma área fundamental da gestão ambiental, este livro serve como um guia para enfrentar os desafios ambientais contemporâneos do setor portuário.

Não se pretende, entretanto, aprofundar os temas aqui abordados, visto que cada um deles seria capaz de preencher as páginas de um manual específico. A intenção desta obra é, portanto, conduzir os leitores pelos princípios e conceitos gerais da gestão portuária, orientando aqueles que desejam iniciar-se, profissional ou academicamente, no universo da gestão ambiental portuária.

Ao longo de seus capítulos, o manual explora os fundamentos da gestão ambiental portuária. Isso envolve não apenas o cumprimento das regulamentações ambientais, mas também a adoção de práticas de gestão proativas que visam minimizar os impactos adversos das operações portuárias.

Examina os aspectos e impactos ambientais das operações, desde a movimentação de cargas até a operação de equipamentos de transporte, incluindo metodologias para análise, classificação e controle de impactos ambientais rotineiros ou significativos.

Uma seção dedicada à gestão de emergências ambientais destaca a importância da preparação e resposta eficazes diante de incidentes como vazamentos de produtos químicos ou derramamentos de óleo. Isso envolve o desenvolvimento de planos de contingência e a coordenação com autoridades locais e órgãos ambientais para minimizar os danos ao meio ambiente e às comunidades circunvizinhas.

Além disso, o manual aborda a complexidade do processo de licenciamento ambiental para projetos portuários, oferecendo orientação sobre os requisitos regulatórios e as melhores práticas para garantir a conformidade com as leis ambientais locais e internacionais.

Outro aspecto crucial é o monitoramento ambiental contínuo das operações portuárias, utilizando tecnologias avançadas para coletar dados sobre a qualidade do ar, da água e do solo, bem como sobre o ruído e as vibrações geradas pelas atividades portuárias. Isso permite uma avaliação precisa do desempenho ambiental e a identificação de áreas que necessitam de melhorias.

A promoção da educação ambiental entre os funcionários portuários, os stakeholders da comunidade e o público em geral é fundamental para cultivar uma cultura de responsabilidade ambiental e conscientização sobre a importância da conservação dos recursos naturais.

A gestão adequada dos resíduos portuários também é abordada em detalhes, incluindo a implementação de práticas de redução, reutilização e reciclagem para minimizar o impacto ambiental desses resíduos.

Além disso, o manual explora o papel da inovação tecnológica na promoção da sustentabilidade na indústria portuária, destacando a importância das tendências em tecnologias limpas e soluções de inovação.

Por fim, o manual dedica um capítulo às mudanças climáticas e seus efeitos sobre os portos, oferecendo estratégias de adaptação e mitigação para enfrentar os desafios decorrentes do aumento do nível do mar, eventos climáticos extremos e acidificação oceânica.

Os temas foram trabalhados não só de forma teórica, mas também com orientações práticas, uma vez que ele foi escrito por mulheres portuárias com anos de experiência na gestão ambiental no setor.

Por meio dessa abordagem abrangente e aprofundada, o "Manual de Gestão Ambiental Portuária" visa capacitar os gestores portuários a enfrentar os desafios ambientais de maneira eficaz e sustentável, promovendo a conservação do meio ambiente e a prosperidade econômica a longo prazo.

Luane Lemos
Advogada
Mestre em Direito Ambiental
Gerente de Meio Ambiente da EMAP (Porto do Itaqui/MA)

Sumário

1. Conceitos fundamentais sobre portos

Luane Lemos

Para mergulharmos na complexidade da gestão ambiental portuária, é imprescindível, antes de tudo, desvendar as particularidades do setor portuário. A compreensão do funcionamento das instalações e de sua estrutura organizacional é a chave para desvendar os potenciais impactos ambientais gerados pelas atividades portuárias, bem como para sua gestão eficaz.

Neste capítulo inicial, introduzimos informações relevantes sobre o cenário portuário, necessárias para uma abordagem ampla do assunto em foco.

Os portos, protagonistas da história e do presente, exercem um papel crucial no desenvolvimento econômico, social e político das nações. Ao longo dos séculos, serviram como pontes para o comércio internacional, impulsionando o intercâmbio de bens, cultura e ideias entre diferentes cantos do mundo. Desde os antigos portos da Mesopotâmia e do Mediterrâneo, berço da civilização, até os gigantes modernos como Xangai, Roterdã e Singapura, os portos se consagram como centros vibrantes de atividade comercial. Neles, mercadorias são importadas, exportadas e distribuídas para abastecer o mercado global, tecendo uma rede complexa de relações internacionais.

Na era atual da globalização, a importância dos portos é ainda mais pronunciada. Com o crescimento do comércio internacional e a expansão das cadeias de suprimentos globais, os portos se tornaram pontos cruciais na movimentação de mercadorias entre os continentes. Eles são os principais elos na cadeia logística, conectando fabricantes, fornecedores e consumidores em diferentes partes do mundo. Além disso, os portos desempenham um papel crucial no transporte de energia, com muitos portos servindo como terminais para o carregamento e descarregamento de petróleo, gás natural e outros recursos energéticos.

Em uma era como a atual, marcada pela globalização, a relevância dos portos, cruciais na movimentação de mercadorias entre os continentes, se intensifica, vez que a globalização mantém o comércio internacional em constante expansão gerando o crescimento das cadeias de suprimentos globais. Assim, os portos se consolidam como elos vitais a conectar fabricantes, fornecedores e consumidores ao redor do mundo, impulsionando a economia global. Vale ressaltar o papel que os portos desempenham no transporte de energia, muitos deles servindo como terminais estratégicos para o carregamento e descarregamento de petróleo, gás natural e demais recursos energéticos essenciais para o desenvolvimento das nações.

Além de sua importância econômica, as instalações portuárias impactam significativamente o desenvolvimento urbano e a criação de empregos. Cidades portuárias prosperaram ao longo dos séculos graças à localização estratégica e ao comércio marítimo. Portos modernos não apenas geram empregos diretos na operação portuária, mas também impulsionam indústrias relacionadas, como logística, transporte, armazenamento e manufatura.

Ademais, os portos desempenham um papel crucial na segurança nacional e na defesa marítima. Servem como pontos de entrada para a aplicação de leis de controle de fronteiras e alfândegas, ajudando a garantir a segurança e a proteção das nações contra ameaças como contrabando, terrorismo e tráfico de drogas.

Historicamente, os portos têm sido vitais, facilitando o comércio, promovendo o desenvolvimento econômico e urbano, e contribuindo para a segurança nacional. Hoje, sua importância só aumentou, tornando-os essenciais no cenário global da economia e do comércio internacional.

No Brasil, a regulamentação portuária envolve uma série de leis, decretos e normas para garantir o bom funcionamento e a segurança das operações portuárias. Historicamente, essa regulamentação passou por diversas fases e reformas, refletindo mudanças na política econômica e nas estratégias de desenvolvimento do país.

A principal legislação que rege os portos no Brasil é a Lei dos Portos (Lei nº 12.815/2013), que estabelece diretrizes para a exploração de portos organizados e instalações portuárias. Esta lei define os tipos de portos (públicos, privativos e mistos), procedimentos para concessão e arrendamento de áreas portuárias, e responsabilidades das autoridades e operadores portuários.

Além da Lei dos Portos, outros instrumentos legais relevantes incluem decretos presidenciais, resoluções da Agência Nacional de Transportes Aquaviários (ANTAQ) e normas técnicas específicas para aspectos das operações portuárias, como segurança, meio ambiente e saúde do trabalhador.

Os portos brasileiros também são influenciados por acordos internacionais e padrões de segurança estabelecidos por organizações como a Organização Marítima Internacional (IMO) e a Organização Internacional do Trabalho (OIT). O Brasil é signatário de diversas convenções e tratados internacionais relacionados ao transporte marítimo e portuário, impactando diretamente a legislação nacional.

Outro aspecto importante é o papel das autoridades portuárias, responsáveis pela administração e gestão dos portos organizados. Estas entidades públicas garantem a eficiência, segurança e sustentabilidade das operações portuárias.

Apesar dos esforços para modernizar e simplificar a administração portuária no Brasil, ainda existem desafios, como a necessidade de melhorar a infraestrutura portuária, aumentar a competitividade dos portos brasileiros no cenário internacional e garantir a segurança, sustentabilidade e qualidade dos serviços portuários. A revisão constante da legislação e a adoção de melhores práticas são fundamentais para o desenvolvimento sustentável do setor portuário no Brasil.

1.1 Funções e Papéis dos Portos

Os portos desempenham um papel crucial na engrenagem do comércio internacional, atuando como pontos nevrálgicos na cadeia logística global. Eles funcionam como interfaces entre diferentes modalidades de transporte – marítimo, terrestre e aéreo – viabilizando a transferência eficiente de mercadorias entre os continentes e impulsionando o fluxo de produtos desde sua origem até o consumidor final.

Para além da conexão entre os diversos modais de transporte, os portos também se destacam como centros de armazenamento estratégico de cargas. Antes ou depois da transferência entre diferentes meios de transporte, as mercadorias são armazenadas temporariamente em instalações portuárias especializadas, como terminais de contêineres, armazéns e áreas de estocagem ao ar livre. Essa etapa crucial permite a consolidação, separação e redistribuição eficiente das cargas, atendendo com precisão às demandas da cadeia de suprimentos global.

Os portos também são pontos de entrada e saída para mercadorias que são importadas e exportadas, desempenhando um papel crucial na facilitação do comércio internacional. Eles são responsáveis pelo desembaraço aduaneiro, inspeção de cargas, conformidade com regulamentações alfandegárias e procedimentos de segurança, garantindo que as mercadorias cumpram os requisitos legais e estejam prontas para serem transportadas para seus destinos.

Eles também funcionam como hubs de conectividade global, onde diferentes rotas de transporte marítimo convergem. Eles servem como pontos de transbordo para cargas que são redistribuídas para destinos em diferentes continentes, permitindo a consolidação de cargas de diferentes origens e destinos em contêineres ou embarcações maiores para economia de escala.

A presença de portos eficientes e bem conectados estimula o desenvolvimento econômico das regiões em que estão localizados. Eles promovem investimentos em infraestrutura, logística, comércio e indústria, gerando empregos diretos e indiretos e impulsionando o crescimento econômico local e regional.

Por fim, além do transporte de cargas, muitos portos também atendem às necessidades de transporte de passageiros, seja por meio de ferries, navios de cruzeiro ou embarcações de transporte público. E alguns fornecem instalações para reparos, manutenção e construção de embarcações, apoiando assim a indústria naval.

1.2 Tipo de Instalações Portuárias

As instalações portuárias são estruturas marítimas ou fluviais destinadas ao embarque, desembarque, armazenamento e movimentação de cargas e passageiros. Essas instalações variam em tamanho e capacidade, abrangendo desde pequenos portos locais até complexos portuários de grande escala.

A definição dos tipos de instalações na Lei dos Portos (Lei nº 12.815/2013) é essencial para a regulamentação portuária no Brasil, pois estabelece diferentes modelos de gestão e exploração dessas instalações. Essa distinção reflete a diversidade de interesses e atores envolvidos no setor portuário, bem como as variadas formas de organização e administração das operações portuárias.

Segundo a Lei de Portos (Lei nº 12.815/2013, art 2º), são considerados:

> I - **porto organizado**: bem público construído e aparelhado para atender a necessidades de navegação, de movimentação de passageiros ou de movimentação e armazenagem de mercadorias, e cujo tráfego e operações portuárias estejam sob jurisdição de autoridade portuária;
> II - área do porto organizado: área delimitada por ato do Poder Executivo que compreende as instalações portuárias e a infraestrutura de proteção e de acesso ao porto organizado;

III - **instalação portuária**: instalação localizada dentro ou fora da área do porto organizado e utilizada em movimentação de passageiros, em movimentação ou armazenagem de mercadorias, destinadas ou provenientes de transporte aquaviário;
IV - **terminal de uso privado**: instalação portuária explorada mediante autorização e localizada fora da área do porto organizado;
V - **estação de transbordo de cargas**: instalação portuária explorada mediante autorização, localizada fora da área do porto organizado e utilizada exclusivamente para operação de transbordo de mercadorias em embarcações de navegação interior ou cabotagem;
VI - **instalação portuária pública de pequeno porte**: instalação portuária explorada mediante autorização, localizada fora do porto organizado e utilizada em movimentação de passageiros ou mercadorias em embarcações de navegação interior;
VII - **instalação portuária de turismo**: instalação portuária explorada mediante arrendamento ou autorização e utilizada em embarque, desembarque e trânsito de passageiros, tripulantes e bagagens, e de insumos para o provimento e abastecimento de embarcações de turismo;

Os portos públicos são administrados pelo poder público, geralmente por meio de autoridades portuárias ou entidades governamentais responsáveis pela gestão portuária. Eles são infraestruturas de uso público, abertas para operadores marítimos e para o público em geral, e estão sujeitos a regulamentações governamentais e políticas públicas relacionadas ao comércio marítimo, segurança portuária, proteção ambiental, entre outros aspectos.

Em contrapartida, os terminais de uso privado são de propriedade e operados por entidades privadas, como empresas ou consórcios. Eles são infraestruturas exclusivas para o uso de uma empresa específica ou de um grupo de empresas, não estando abertos ao uso público em geral. Os portos privativos atendem às necessidades específicas de uma empresa, como o embarque e desembarque de cargas relacionadas às suas operações comerciais.

Alguns portos combinam características de portos públicos e privativos, envolvendo a participação tanto do setor público quanto do setor privado na administração e operação. Esses portos podem ser administrados por uma autoridade portuária em parceria com empresas privadas, por meio de concessões ou arrendamentos de áreas portuárias.

Essa distinção entre os tipos de portos na legislação reflete a busca por um equilíbrio entre interesses públicos e privados no setor portuário, visando promover o desenvolvimento econômico, a eficiência operacional e a competitividade dos portos brasileiros no cenário internacional.

1.2.1 Modelos de gestão portuária

Em outras partes do mundo, os modelos de gestão portuária podem variar para incluir maior ou menor interferência pública na gestão das instalações. Os modelos de gestão portuária, como Service Port, Tool Port, Landlord Port e Private Port, representam diferentes abordagens e estruturas de gestão adotadas globalmente. Cada modelo possui suas próprias características, vantagens e desafios, e a escolha do mais adequado depende das necessidades específicas do porto e das condições locais.

No modelo de Service Port, a autoridade portuária é responsável por fornecer uma ampla gama de serviços, incluindo operações de carga e descarga, armazenamento, manuseio de contêineres e serviços de rebocadores. Este modelo é comum em portos onde o governo desempenha um papel central na gestão e assume a responsabilidade pela prestação de serviços.

O modelo de Tool Port é caracterizado pela separação das funções de propriedade e operação das instalações portuárias. Neste modelo, a autoridade portuária é responsável pela propriedade e desenvolvimento das infraestruturas, enquanto as atividades operacionais, como carga, descarga e armazenamento, são realizadas por empresas privadas ou operadores portuários. Este modelo visa promover a concorrência e a eficiência nas operações.

No modelo de Landlord Port, a autoridade portuária atua principalmente como proprietária e locadora das áreas portuárias e instalações para operadores privados. Este modelo oferece flexibilidade para atrair investimentos privados e promover o desenvolvimento portuário, enquanto a autoridade portuária mantém o controle sobre o planejamento e a regulamentação.

No modelo de Private Port, a propriedade e operação do porto são totalmente privadas, com uma empresa privada ou consórcio sendo responsável por todas as atividades. Este modelo é comum em portos especializados ou dedicados a um tipo específico de carga ou serviço, onde a empresa privada pode ter maior flexibilidade para atender às demandas do mercado.

Cada modelo de gestão portuária tem suas próprias implicações e consequências, e a escolha do mais adequado depende das características e objetivos específicos de cada porto.

1.2.2 Principais diferenças entre portos organizados e terminais de uso privado

Os portos e os terminais de uso privado são duas infraestruturas marítimas distintas, cada uma com suas próprias características e finalidades.

Abaixo, destacaremos as principais diferenças entre eles:

	PORTOS	**TERMINAIS DE USO PRIVADO**
Propriedade e Administração	Geralmente são administrados pelo governo ou por autoridades portuárias públicas. Eles são infraestruturas de uso público, abertos para operadores de transporte marítimo e para o público em geral	São de propriedade e operados por entidades privadas, como empresas ou consórcios. São infraestruturas exclusivas para o uso de uma empresa específica ou de um grupo de empresas, e não estão abertos para o uso público em geral

Acesso e Uso	São acessíveis para uma variedade de operadores marítimos e para diferentes tipos de cargas e passageiros. Eles atendem a uma ampla gama de necessidades logísticas e de transporte	São projetados para atender às necessidades específicas de uma empresa ou grupo de empresas. Geralmente são especializados em operar determinado tipo de carga ou serviço marítimo e podem ser utilizados exclusivamente pelos proprietários ou por operadores contratados
Regulação e Autoridade	Estão sujeitos a regulamentações governamentais e são administrados de acordo com políticas públicas relacionadas ao comércio marítimo, segurança portuária, proteção ambiental, entre outros	São operados de acordo com os interesses e objetivos comerciais dos proprietários privados. Embora ainda estejam sujeitos a regulamentações governamentais, têm mais autonomia em suas operações e podem ser gerenciados de forma mais flexível em termos de serviços e tarifas
Escopo e Tamanho	Podem ser grandes complexos portuários que incluem múltiplos terminais de carga e passageiros, bem como outras instalações portuárias, como estaleiros, áreas de armazenamento, e serviços auxiliares	Geralmente são focados em atender às necessidades específicas de seus proprietários. Podem ser terminais dedicados a um único tipo de carga ou serviço, como contêineres, graneis líquidos ou sólidos, petróleo, entre outros

Tabela 1 - Principais diferenças entre portos e terminais de uso privado

Em síntese, enquanto os portos públicos são infraestruturas de uso geral, acessíveis a diversos operadores e passageiros, os terminais de uso privado são propriedades particulares, operadas para atender às necessidades específicas de uma empresa ou grupo de empresas, oferecendo maior controle sobre suas operações e serviços prestados.

1.3 Infraestrutura Portuária

A infraestrutura de um porto abrange uma ampla gama de instalações e equipamentos projetados para facilitar eficientemente o fluxo de mercadorias e passageiros. Essa infraestrutura é essencial para garantir que as operações portuárias ocorram de forma segura, eficaz e em conformidade com os padrões regulatórios. Algumas das principais instalações e equipamentos que compõem a infraestrutura de um porto incluem:

Berços de Atracação: Estruturas construídas ao longo do litoral ou margens de rios para permitir que os navios sejam atracados. Esses berços variam em tamanho e capacidade, sendo equipados com sistemas de amarração e defensas para garantir uma atracação segura das embarcações.

Terminais de Carga e Passageiros: Instalações dedicadas ao carregamento, descarregamento e movimentação de cargas e passageiros. Podem atender a diferentes tipos de carga, como contêineres, carga a granel, carga geral e passageiros, e estão equipados com guindastes, empilhadeiras, transportadores e outros equipamentos para facilitar essas operações.

Áreas de Armazenamento: Incluem armazéns, pátios de estocagem ao ar livre e instalações de armazenamento projetadas para armazenar temporariamente mercadorias antes do carregamento, descarregamento ou transporte posterior. Essas áreas são essenciais para garantir a eficiência das operações portuárias e o gerenciamento adequado das cargas.

Equipamentos de Movimentação de Carga: Equipamentos como guindastes de cais, empilhadeiras, transportadores de correia e gruas, utilizados para mover e manipular cargas dentro do porto. São essenciais para carregar e descarregar cargas dos navios, transferi-las entre diferentes modos de transporte e armazená-las nas áreas designadas.

Instalações de Abastecimento e Serviços: Incluem postos de combustível, instalações de água doce e outros serviços necessários para atender às necessidades operacionais das embarcações, como reparos, manutenção e serviços de apoio aos tripulantes.

Sistemas de Sinalização e Navegação: Como faróis, balizas, sinais luminosos e sistemas de controle de tráfego marítimo, são essenciais para garantir a segurança da navegação e a orientação adequada das embarcações dentro do porto e em suas proximidades.

Instalações de Segurança e Proteção: Incluem sistemas de combate a incêndios, equipes de resposta a emergências, cercas de segurança, câmeras de vigilância e outras medidas destinadas a proteger as instalações portuárias, o pessoal e o meio ambiente contra ameaças e incidentes.

Sistemas de Amarração: Dispositivos como cabos, correntes e defensas usados para garantir a segurança das embarcações enquanto estão atracadas nos berços de atracação. São essenciais para evitar danos às embarcações e às instalações portuárias durante operações de atracação e desatracação.

Sistemas de Iluminação: Incluem postes de luz, luzes de navegação e faróis, fundamentais para garantir a visibilidade adequada dentro do porto e ao redor das áreas de navegação, essenciais para a segurança da navegação noturna e em condições de baixa visibilidade.

Instalações de Abastecimento de Energia: Estruturas e equipamentos destinados a fornecer energia elétrica e outras formas de energia para as operações portuárias, incluindo postos de energia elétrica para navios, geradores de emergência e sistemas de distribuição de energia para as instalações portuárias.

Estaleiros e Oficinas: Instalações especializadas projetadas para realizar reparos, manutenção e construção de embarcações. Podem incluir diques secos, docas flutuantes, guindastes de grande porte e uma variedade de equipamentos e ferramentas especializadas.

Instalações de Tratamento de Água e Efluentes: Estruturas e equipamentos destinados ao tratamento de água potável, águas residuais e efluentes industriais gerados dentro do porto. São essenciais para garantir a conformidade com regulamentações ambientais e proteger o meio ambiente marinho.

Sistemas de Transporte: Parte crucial da infraestrutura de um porto, inclui diversos modais utilizados para movimentar cargas e passageiros dentro e fora das instalações portuárias. Pode incluir modal ferroviário, rodoviário (de cargas e pessoas) e fluvial ou marítimo (para cabotagem, por exemplo). Esses modais interligados desempenham papéis complementares na movimentação eficiente de mercadorias e pessoas, conectando o porto com regiões de produção, consumo e centros de distribuição.

As ferrovias conectam o porto a diferentes destinos no interior do país, permitindo o transporte de cargas a longas distâncias de forma rápida e econômica. Isso é especialmente útil para mercadorias como minérios, grãos, produtos siderúrgicos e contêineres, frequentemente movimentados em grandes volumes. Portos com acesso ferroviário geralmente possuem infraestrutura específica para o carregamento e descarregamento de mercadorias em vagões ferroviários, incluindo pátios de carga ferroviária, trilhos de manobra, guindastes de carga especiais e instalações de armazenamento temporário. Além disso, o transporte ferroviário é vantajoso do ponto de vista ambiental, contribuindo para a redução das emissões de gases de efeito estufa e congestionamentos rodoviários, além de ser uma opção mais segura e eficiente para o transporte de cargas a longas distâncias.

Conhecer todas as nuances que envolvem a infraestrutura e as operações portuárias é importante para a definição dos aspectos e impactos ambientais da atividade, e para a definição de responsabilidades quanto a riscos ambientais.

1.4 Atores da cena portuária

Os atores do setor portuário podem variar dependendo do contexto específico e das características do porto em questão.

Autoridade Portuária: Responsável pela administração e gestão das operações do porto. É a entidade governamental ou empresa pública encarregada de regular o funcionamento do porto, desenvolver infraestrutura, garantir segurança e eficiência das operações portuárias, além de promover o desenvolvimento econômico e sustentável do porto e sua região de influência.

Operadores Portuários: Empresas previamente qualificada para executar atividades de movimentação de passageiros ou de mercadorias destinadas ou provenientes do transporte aquaviário, dentro de um porto organizado. As operações realizadas pelo operador portuário devem obedecer às regulamentações estabelecidas pela Agência Nacional de Transportes Aquaviários (Antaq).

Agências de Navegação: Empresas responsáveis por intermediar e coordenar as atividades entre os armadores (proprietários de navios) e o porto. Fornecem serviços como reservas de atracação, documentação aduaneira e coordenação de operações portuárias para garantir a eficiência das embarcações no porto.

Empresas de Transporte e Logística: Desempenham um papel importante no setor portuário, fornecendo serviços de transporte terrestre, armazenamento, distribuição e gestão da cadeia de suprimentos para importadores e exportadores que utilizam o porto para movimentar suas cargas.

Sindicatos e Órgãos Gestores de Mão de Obra Portuária (OGMO): Representam os interesses dos trabalhadores portuários, incluindo estivadores, operadores de guindastes, motoristas de caminhões, entre outros. Garantem direitos trabalhistas, negociam condições de trabalho e salários, e asseguram a segurança e eficiência das operações portuárias.

Clientes e Usuários do Porto: Incluem empresas importadoras, exportadoras, transportadoras, armadores e outros agentes econômicos que utilizam o porto para movimentar suas cargas ou embarcações. Desempenham um papel central na demanda por serviços portuários e na geração de receita para o porto e seus operadores.

Arrendatários: Empresas portadoras de "cessão onerosa de área e infraestrutura públicas localizadas dentro do porto organizado, para exploração por prazo determinado" (art. 2º XI da Lei 12815/13). Assumem a responsabilidade pelo desenvolvimento, manutenção e operação das instalações arrendadas, incluindo investimentos em infraestrutura, equipamentos e recursos humanos necessários. Pagam uma taxa de arrendamento à autoridade portuária pelo uso das áreas e instalações, contribuindo para a receita do porto.

Outros Participantes: O setor portuário pode envolver uma ampla gama de outros atores, incluindo autoridades reguladoras, empresas de serviços portuários, fornecedores de equipamentos e tecnologia, instituições financeiras e stakeholders locais, regionais e internacionais.

Apesar de sua importância, os portos enfrentam desafios como acesso adequado, relação com a cidade, aspectos ambientais e exigências regulatórias. As tendências futuras indicam maior automação e digitalização dos processos portuários, além de investimentos em infraestrutura sustentável e resiliência climática para enfrentar desafios emergentes.

2. Introdução à gestão ambiental

Luane Lemos

A gestão ambiental emergiu como um elemento crucial no cenário empresarial contemporâneo, refletindo a crescente conscientização global sobre a importância da sustentabilidade e do respeito ao meio ambiente. No contexto organizacional, a gestão ambiental refere-se ao conjunto de práticas, políticas e estratégias adotadas por uma organização para minimizar seu impacto ambiental e promover a utilização sustentável dos recursos naturais.

A definição da gestão ambiental vai além do cumprimento de requisitos legais. Ela abrange a integração de práticas ambientalmente responsáveis em todas as áreas de uma organização, traduzindo-se em conformidade legal, promoção da eficiência operacional, assunção de compromissos, redução do desperdício e busca contínua por métodos mais ecoeficientes. Essa abordagem também resulta em ganhos de mercado, posicionamento de marca, abertura para mercados e consumo verdes, atração de investimentos, e acesso a créditos e títulos (green e blue bonds), entre outros benefícios econômicos da era moderna.

A gestão ambiental visa alcançar um equilíbrio entre as atividades comerciais e a preservação do meio ambiente, reconhecendo que o sucesso econômico a longo prazo está intrinsecamente ligado à manutenção e abundância de recursos naturais e à viabilidade das condições ambientais para o exercício das atividades humanas e para a própria vida na Terra.

Dessa forma, as organizações que adotam práticas de gestão ambiental não apenas cumprem seu papel social e ético, mas também se posicionam estrategicamente para enfrentar os desafios do futuro.

Este capítulo explorará mais profundamente os princípios fundamentais da gestão ambiental, demonstrando como as organizações podem não apenas se adaptar a um mundo em rápida transformação, mas também desempenhar um papel ativo na construção de um futuro mais sustentável, rentabilizando e agregando valor aos seus produtos e serviços, ao mesmo tempo em que contribuem para esforços globais de preservação.

2.1. Razões para adotar práticas sustentáveis nos negócios

A primeira e mais tradicional motivação para adotar práticas sustentáveis em organizações é a obrigatoriedade legal. O extenso cabedal de normas ambientais que hoje regulamentam as atividades humanas, tanto no Brasil quanto no mundo, visa garantir que um mínimo de compromisso e controle de impactos ambientais seja mantido por quem utiliza os meios naturais para fins econômicos.

Portanto, o cumprimento de requisitos legais ambientais é um grande orientador de gestão ambiental, exigindo controle sobre gestão de resíduos, mitigação de impactos ambientais (com adoção de monitoramentos contínuos), acesso a recursos hídricos, supressão de vegetação, controle de fauna, planejamento para emergências ambientais e outros temas regulados.

As vantagens do cumprimento inegociável de requisitos legais são muitas. A maior delas é a segurança jurídica do empreendimento, ou seja, a redução do risco de embargos, multas ou paralisação de atividades por ausência de controles ambientais. Essa segurança é essencial para garantir novos investimentos privados nos portos, visto que a maioria das empresas que se instalam nestes ambientes atua com grandes investidores e clientes de grande porte, exigindo níveis de segurança para a aplicação de recursos.

À medida que as preocupações ambientais ganham destaque, os governos em todo o mundo estão estabelecendo regulamentações mais rigorosas relacionadas às práticas empresariais. Adotar práticas sustentáveis não apenas ajuda as organizações a cumprir esses requisitos legais, mas também as coloca em uma posição mais sólida diante de futuras mudanças regulatórias.

Outra vantagem da aplicação de uma gestão ambiental compromissada com requisitos legais é o relacionamento com stakeholders, tanto os órgãos reguladores da atividade, quanto os parceiros comerciais e a comunidade em geral.

O efetivo compromisso ambiental de uma organização gera uma relação de confiança com os órgãos públicos responsáveis pelo controle e fiscalização das atividades desenvolvidas. A boa imagem da organização, baseada principalmente em transparência e cooperação, pode facilitar o diálogo com os órgãos intervenientes, visto que há uma intenção pública de colaborar com a resolução de eventuais problemas ambientais.

Da mesma forma, um compromisso ambiental consistente leva ao engajamento do público em geral, incluindo empresas parceiras que podem atrelar suas marcas à da organização com segurança, e as comunidades do entorno do empreendimento. A sociedade contemporânea valoriza organizações comprometidas com a responsabilidade social corporativa. Essa imagem positiva pode fortalecer a reputação da organização, construir a confiança do consumidor e atrair clientes que priorizam valores éticos. Além disso, algumas cadeias de suprimentos e mercados específicos exigem padrões sustentáveis, o que pode abrir novas oportunidades de negócios.

Outra razão essencial para a adoção de uma gestão ambiental eficiente é a possibilidade de otimização operacional e redução de custos. Muitas práticas sustentáveis, como a eficiência energética, a gestão de resíduos e a otimização do uso de recursos, podem resultar em ganhos operacionais e econômicos. A implementação de tecnologias ecoeficientes e a redução do desperdício, portanto, contribuem para a sustentabilidade ambiental e financeira da organização.

A busca pela otimização das operações também pode impulsionar a inovação, uma vez que as organizações se dedicam a encontrar soluções sustentáveis, criando produtos e serviços que se diferenciam da concorrência. A inovação sustentável não apenas atende às demandas do mercado, mas também posiciona a organização como líder em seu setor.

Adotar uma gestão ambiental proativa pode ajudar as organizações a antecipar e mitigar riscos relacionados a eventos climáticos extremos, escassez de recursos e mudanças regulatórias. Ao incorporar práticas sustentáveis, as organizações fortalecem sua resiliência e capacidade de enfrentar desafios ambientais e sociais imprevistos.

Por fim, profissionais talentosos, especialmente da geração mais jovem, buscam organizações que compartilham seus valores, incluindo o compromisso com a sustentabilidade. Organizações com práticas sustentáveis muitas vezes têm mais facilidade em atrair e reter talentos qualificados, contribuindo para o desenvolvimento e a inovação contínuos.

A adoção de práticas sustentáveis nos negócios não é apenas uma escolha ética, mas também uma estratégia inteligente que pode gerar benefícios econômicos, fortalecer a reputação da organização e garantir sua resiliência em um mundo em constante evolução.

2.2. CEIT: os quatro pilares da moderna gestão ambiental

Os compromissos ambientais contemporâneos estão respaldados por uma série de metodologias de gestão que podem orientar sua organização no caminho da sustentabilidade.

O mais recente instrumento de gestão empregado, inclusive em mercados internacionais, para avaliar o grau de desempenho e comprometimento de uma empresa com temas de responsabilidade socioambiental é o ESG (Environmental, Social and Governance). Esses três pilares sustentam os critérios para a definição dos novos modelos de gestão empresarial e organizacional, uma vez que o instrumento já abrange tanto as esferas públicas quanto privadas.

Observando as empresas e organizações que atualmente adotam esse modelo, bem como as diversas manifestações acadêmicas, econômico-financeiras e profissionais sobre o tema, propomos a estruturação da moderna gestão ambiental com base em quatro pilares essenciais: Compromisso, Engajamento, Inovação e Transparência (CEIT).

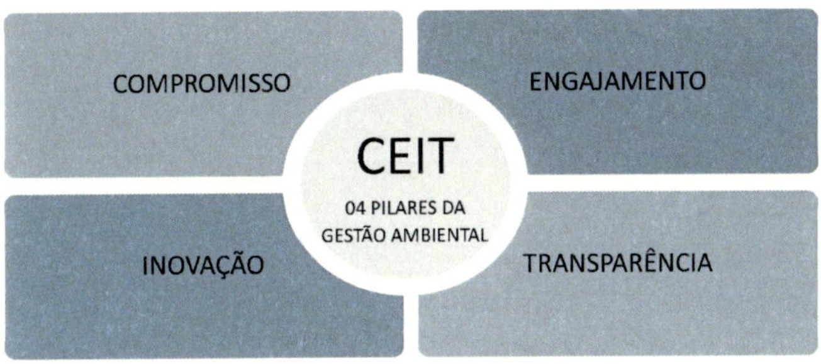

Figura 01 - Quatro pilares da gestão ambiental

O CEIT não apenas molda a cultura organizacional em direção à responsabilidade ambiental, mas também fortalece a posição da organização como agente de mudanças positivas. Esses quatro pilares não funcionam isoladamente, mas de maneira interconectada, formando a base para uma gestão ambiental abrangente e eficaz. O compromisso estabelece a direção, a transparência constrói a confiança, o engajamento cria apoio e a inovação impulsiona o progresso contínuo. Empresas que abraçam esses pilares não apenas cumprem seu papel na construção de um mundo mais sustentável, mas também se posicionam para enfrentar os desafios do futuro de maneira proativa e responsável.

Analisemos cada um deles.

a) Compromisso

O compromisso na gestão ambiental é um princípio fundamental que impulsiona as organizações a adotarem práticas sustentáveis e a assumirem a responsabilidade pelos impactos ambientais de suas operações. É a pedra angular da gestão ambiental eficaz. Envolve a definição de metas claras e mensuráveis relacionadas à sustentabilidade, incorporando-as nos objetivos estratégicos da empresa. O compromisso vai além do cumprimento de requisitos regulatórios, refletindo a disposição da organização para ir além do mínimo necessário, buscando ativamente práticas que promovam a saúde do meio ambiente.

Nesse pilar está, inicialmente, o posicionamento da organização quanto à adoção de práticas mais sustentáveis. Com isso, todas as áreas da organização passam a considerar a sustentabilidade como parte de suas decisões e ações, desde o nível estratégico até o operacional. Em um maior nível de comprometimento, o próprio modelo de negócio passa a incorporar a sustentabilidade como intrínseca aos produtos e serviços entregues pela empresa, integrando-a à marca.

O compromisso com a gestão ambiental alinha-se aos objetivos estratégicos da organização. A integração desses objetivos à visão e missão da organização assegura que a sustentabilidade não seja uma iniciativa isolada, mas sim parte integrante da estratégia corporativa. O passo seguinte é a definição de metas claras e mensuráveis relacionadas à sustentabilidade, identificando áreas específicas onde a organização pode reduzir seu impacto ambiental, melhorar a eficiência operacional e promover a utilização sustentável de recursos.

Comprometer-se com práticas ambientais significa também adotar uma abordagem proativa para atender e, muitas vezes, ultrapassar os requisitos regulatórios. Isso não apenas evita penalidades e sanções, mas também demonstra um compromisso ético e uma postura de liderança perante as questões ambientais. O compromisso com a gestão ambiental contribui para a criação de valor a longo prazo. Empresas sustentáveis são vistas como mais resilientes e adaptáveis, o que pode resultar em maior estabilidade e crescimento a longo prazo.

Ao demonstrar um compromisso genuíno com a gestão ambiental, as organizações não apenas atendem às expectativas da sociedade, mas também colhem benefícios tangíveis em termos de eficiência, reputação e competitividade, enquanto contribuem para a construção de um futuro mais sustentável.

b) Engajamento

O compromisso permeia a cultura organizacional, influenciando o comportamento dos colaboradores. Ao incorporar valores sustentáveis, a organização cria uma atmosfera interna que promove a responsabilidade ambiental em todos os níveis hierárquicos. O engajamento talvez seja, portanto, a alma do modelo CEIT. Sem engajamento, não há mudança de cultura e, portanto, não há alcance e efetividade dos compromissos propostos. Com o engajamento, a sustentabilidade deixa de ser um assunto departamentalizado para ser responsabilidade e intenção de todos que compõem a organização.

O engajamento pode ser compreendido em dois níveis: vertical e horizontal. O engajamento vertical diz respeito a uma mudança de mentalidade e de cultura que envolve todos os níveis hierárquicos da empresa, da alta direção à operação. O engajamento da alta direção garante que os princípios de sustentabilidade nasçam na tomada de decisões estratégicas e permeiem todas as áreas e serviços da organização. Também garantem investimento para ações de sustentabilidade e influenciam desde as ações de compra e comércio até a escolha de parceiros comerciais.

Mas sem o engajamento das áreas operacionais, também não há gestão ambiental. É preciso que cada colaborador compreenda seu papel dentro do sistema de gestão ambiental e atue para garanti-lo, identificando e minimizando os impactos ambientais de sua atividade e trabalhando para otimizar os processos, tornando-os mais sustentáveis. Já o engajamento horizontal é estabelecido a partir da influência que a organização desenvolve para alcançar parceiros, clientes, comunidade, órgãos intervenientes e outros pares na construção, em rede, de uma responsabilidade ambiental compartilhada.

De fato, é impossível seguir essa linha gerencial e não expandir a área de influência para os demais atores. O engajamento vai, assim, além dos muros da empresa, abrangendo comunidades locais, clientes, fornecedores e outras partes interessadas. Incentivar o engajamento significa envolver ativamente esses grupos na definição de metas, na busca por soluções sustentáveis e na disseminação de práticas responsáveis. Ao criar uma rede de apoio, a organização fortalece seu impacto positivo no meio ambiente.

O reflexo é o direcionamento de investimentos, a tomada de decisões e de planejamento voltados para um melhor desempenho ambiental das atividades, com entregas mais evidentes de responsabilidade socioambiental. O grande desafio do engajamento é, portanto, fazer com que todos se apropriem do tema da sustentabilidade, gerando engajamento natural às causas ambientais em qualquer esfera decisória, operacional ou de planejamento. Isso exige um completo trabalho de (re)educação ambiental e uma visão mais moderna de gestão do negócio que viabilize a disseminação desta cultura entre os colaboradores.

c) Inovação

A inovação é um pilar dinâmico que impulsiona a busca por soluções sustentáveis. Ela envolve a incorporação de tecnologias inovadoras, a reanálise e otimização de processos operacionais e o desenvolvimento de produtos e serviços ecoeficientes. A inovação sustentável não apenas atende às demandas do mercado, mas pode também posicionar a organização como líder em seu setor, proporcionando vantagens competitivas significativas, como dito anteriormente.

O compromisso com a gestão ambiental incentiva a busca por melhorias contínuas e inovações sustentáveis. As organizações comprometidas estão mais propensas a investir em pesquisa e desenvolvimento de tecnologias ecoeficientes e em práticas operacionais mais sustentáveis.

De fato, o compromisso com a sustentabilidade impõe uma mudança de perspectiva quanto à forma de resolução e condução das mais diversas atividades do cotidiano portuário. Uma postura disruptiva com os tradicionais conceitos e modus operandi, tanto na resolução de problemas quanto na eficiência e desempenho ambiental. Isso é inovação. Por inovação, estamos considerando a capacidade de transformar o baixo desempenho em uma nova proposta de valor por meio da reconfiguração eficiente de produtos, serviços, processos, estruturas de governança, organização, comunicação ou modelo de negócio, como propôs o Manual de Oslo.

Aplicável às questões ambientais, a inovação deve ser um vetor de mudanças para um melhor desempenho de equipamentos, infraestruturas e operações, reduzindo riscos e impactos e potencializando a eficiência dos sistemas. Modelos mais sustentáveis de construções e infraestrutura, com uso de energia renovável ou de fontes limpas, reaproveitamento ou reuso de águas, sistemas de drenagem que permitam uma absorção ou tratamento de materiais carreados, disponibilização de energia para embarcações (evitando queima de combustível), ou seja, com menos impacto e maior eficiência, já são comuns nos grandes portos do mundo.

A tecnologia atual aponta para substituição de fontes energéticas (como o uso de hidrogênio verde em portos ou de amônia para embarcações), com modernos equipamentos e softwares para detecção de manchas de óleo na água, sistemas de tratamento de água de lastro com uso de infravermelho e tantas outras novidades que o setor aponta.

Mas é também gestão da inovação a forma difusa de compreender e incorporar a sustentabilidade nas diversas atividades portuárias, construindo modelos operacionais preocupados com a redução de impactos socioambientais. Esse perfil de gestão comprometida e inovadora é, por fim, transparente e comunicativo, na medida em que é feito para dialogar com mercados, consumidores, parceiros, sociedade, poder público, academia, trabalhadores e outros atores da cena portuária.

d) Transparência

A transparência, por fim, é a consequência natural de todos os demais pilares. Os compromissos assumidos e a postura negocial adotada precisam ser defendidos publicamente. Ao mesmo tempo, o engajamento horizontal com stakeholders, parceiros e mercado dependem de um grau de transparência que permita a segurança das ações propostas. Também pressupõe a participação direta de todos os envolvidos nas tomadas de decisão e na definição de ações e projetos. Ou seja, na busca por práticas sustentáveis, a transparência é mais do que divulgar informações. Trata-se de compartilhar abertamente os desafios, progressos e impactos ambientais de uma organização e construir suas soluções em uma rede colaborativa.

A transparência é, assim, essencial para construir a confiança dos stakeholders e promover a responsabilidade corporativa. Isso implica em divulgar de maneira clara e honesta as práticas ambientais da empresa, seus impactos, desafios e progressos. A prestação de contas transparente não apenas atende às expectativas dos consumidores e investidores, mas também cria um ambiente de responsabilidade que incentiva a melhoria contínua.

Ao divulgar boas práticas e sucessos, as empresas não apenas inspiram outras a seguirem o exemplo, mas também contribuem para elevar os padrões do setor como um todo. Da mesma forma, ao comunicar os valores, objetivos e iniciativas ambientais, as empresas inspiram a participação de seus colaboradores, promovendo uma mentalidade sustentável em toda a organização.

A transparência também é crucial durante crises e situações de conflito de interesse. Comunicações transparentes ajudam as empresas a enfrentarem desafios, a lidarem com críticas e a corrigirem erros, construindo, assim, uma reputação de resiliência e comprometimento.

Muitos são os mecanismos utilizados para comunicar resultados ao público em geral, dentre os quais o uso de relatórios públicos de sustentabilidade, as agendas ambientais, inventários de emissão de gases de efeito estufa e outros reports que comunicam ao público o posicionamento da gestão quanto a temas de interesse e relevância ambientais.

É também na transparência que se constroem os laços com a comunidade, por meio da interlocução em conselhos, comitês, fóruns e afins, trazendo a comunidade para o centro dos espaços de tomada de decisão e, em contrapartida, contribuindo para a construção de políticas públicas relevantes no espaço socioeconômico em que os portos estão inseridos.

Em síntese, a transparência é um alicerce vital na moderna gestão ambiental. Ela fortalece a credibilidade da empresa, constrói relações de confiança e promove uma cultura de responsabilidade ambiental.

2.3. Elementos de um Sistema de Gestão Ambiental

Um Sistema de Gestão Ambiental (SGA) é uma estrutura organizacional e operacional implementada por uma empresa ou organização para gerenciar e controlar os impactos ambientais de suas atividades, produtos ou serviços. Ele envolve o desenvolvimento e a implementação de políticas, procedimentos e práticas que visam a prevenção da poluição, a conservação de recursos naturais e a conformidade com as leis e regulamentos ambientais aplicáveis. O objetivo principal de um SGA é promover a melhoria contínua do desempenho ambiental da organização, considerando também aspectos econômicos e sociais. Isso é alcançado através do estabelecimento de objetivos e metas ambientais, da identificação e avaliação de aspectos e impactos ambientais, da implementação de medidas de controle e do monitoramento do desempenho ambiental por meio de indicadores e métricas específicas.

Um SGA pode ser certificado de acordo com padrões internacionalmente reconhecidos, como a norma ISO 14001, para demonstrar o compromisso da organização com a gestão responsável e sustentável do meio ambiente. Implementar um SGA envolve uma série de passos que podem variar de acordo com as necessidades e características específicas de cada organização. Aqui estão os passos gerais que podem ser seguidos:

1. **Comprometimento da alta direção**: É essencial que a alta administração da organização demonstre compromisso e apoio ao SGA, fornecendo os recursos financeiros, humanos e materiais necessários para sua implementação e manutenção.
2. **Diagnóstico inicial**: Realize uma análise inicial do estado ambiental da organização, mapeando processos,

identificando seus aspectos e impactos ambientais significativos, bem como as necessidades e expectativas das partes interessadas relevantes.

3. **Definição de políticas e objetivos ambientais**: Desenvolva uma política ambiental que estabeleça os princípios e compromissos da organização em relação ao meio ambiente. Defina objetivos e metas ambientais específicos e mensuráveis que contribuam para a melhoria do desempenho ambiental da organização.
4. **Desenvolvimento de procedimentos e processos**: Estabeleça procedimentos e processos documentados para gerenciar as atividades, produtos ou serviços da organização de forma a minimizar seus impactos ambientais. Isso pode incluir procedimentos para controle de emissões, gestão de resíduos, conservação de recursos naturais, entre outros.
5. **Capacitação e conscientização**: Realize treinamentos e programas de conscientização ambiental para funcionários em todos os níveis da organização, garantindo que eles compreendam suas responsabilidades ambientais e estejam engajados na implementação do SGA.
6. **Implementação e operação**: Implemente as práticas e medidas definidas no SGA, garantindo que sejam seguidas de maneira consistente e eficaz em todas as áreas e atividades da organização.
7. **Monitoramento e medição**: Estabeleça sistemas de monitoramento e medição para avaliar regularmente o desempenho ambiental da organização em relação aos objetivos e metas estabelecidos, identificando áreas de melhoria e oportunidades de intervenção.
8. **Revisão e melhoria contínua**: Realize avaliações periódicas do SGA por meio de auditorias internas e revisões de desempenho para garantir sua eficácia e conformidade com os requisitos legais e normativos aplicáveis. Identifique e implemente ações corretivas e preventivas conforme necessário para melhorar continuamente o sistema.

Esses passos formam um ciclo contínuo de planejamento, implementação, monitoramento e melhoria que sustenta a eficácia e o sucesso do Sistema de Gestão Ambiental ao longo do tempo. Abaixo, vamos aprofundar os principais passos para a sistematização da gestão ambiental de uma organização.

2.3.1. Planejamento Estratégico

A implantação de um Sistema de Gestão Ambiental (SGA) começa com a decisão de considerar a gestão ambiental como uma estratégia organizacional. Para isso, é necessário definir alguns pontos fundamentais que servirão de base para a implantação e funcionamento do sistema. São eles:

- **Realizar um diagnóstico integral**: Toda tomada de decisão deve começar com um conhecimento pleno dos aspectos e riscos envolvidos. Portanto, antes da implantação ou melhoria de um SGA, é essencial realizar um amplo levantamento de informações sobre possíveis aspectos e impactos ambientais da organização.

  Esse diagnóstico deve abranger:

  - Matriz de riscos e oportunidades, internos e externos, relacionados às atividades da organização, incluindo aspectos sociais, econômicos, políticos, culturais, tecnológicos, de suficiência de recursos, organizacionais, legais, comerciais, concorrenciais e outros.
  - Mapeamento de todos os processos da empresa (atividades desenvolvidas, serviços prestados, produtos entregues).
  - Identificação das partes interessadas no negócio e suas expectativas (interesses de parceiros, clientes, órgãos públicos e da comunidade em geral).
  - Requisitos legais ambientais aplicáveis à atividade.

- Aspectos e impactos ambientais relacionados a cada um desses nichos.

Essas informações são cruciais para definir quais riscos devem ser evitados e quais oportunidades devem ser aproveitadas na execução do SGA.

- **Definir uma visão estratégica**: Após o diagnóstico, a liderança da organização define a direção estratégica do SGA. Neste estágio, a organização estabelece sua visão, decidindo até que ponto a sustentabilidade influenciará o negócio, seja como parte da estratégia comercial ou como um sistema para gerenciar os aspectos ambientais de suas atividades.

Com esses pontos definidos, a organização deve formular sua Política do Sistema de Gestão Ambiental, que incluirá os princípios e compromissos adotados para o funcionamento do sistema, como compromisso com o controle de impactos, apoio a ações de responsabilidade social, preparação para emergências ambientais, uso de tecnologias para um melhor desempenho ambiental e formação de uma cultura de consumo consciente de recursos naturais.

A visão estratégica se consolida com o estabelecimento de objetivos e metas a serem alcançados em determinado período, visando cumprir a política do SGA elaborada e proposta. Exemplos de objetivos estratégicos incluem "fomentar a cultura do consumo consciente de recursos naturais" (como água, solo, vegetação), que pode derivar em objetivos específicos como: "controle do consumo de água", "redução do consumo de plástico", "redução de supressão de vegetação" ou outros.

Desses objetivos, devem derivar indicadores para medir o avanço ou desempenho, como a quantidade de água utilizada por produto fabricado ou a quantidade de energia consumida por tonelada de carga movimentada. Por fim, os indicadores ajudam a atingir metas preestabelecidas, como "uso $\leq 0.08m^3$ de água por produto fabricado".

Objetivo estratégico	Objetivo específico	Indicador	Meta
Fomentar a cultura do consumo consciente de recursos naturais	Redução do consumo de água	Quantidade de água utilizada por produto fabricado (m^3/uni)	$\leq 0.02m^3$/uni
	Redução do consumo de energia	Quantidade de energia utilizada por produto fabricado (kwh/uni)	$\leq$ 0.07kwh/uni

Tabela 2 - Exemplo de objetivos, indicadores e metas

- **Definir papéis e responsabilidades**: Para que o sistema funcione, sua política seja cumprida e seus objetivos alcançados, é necessário definir responsáveis pelo SGA nos diversos níveis da organização (estratégico, tático e operacional).
- **Estruturação de um núcleo ambiental**: É importante destacar a relevância de organizar um núcleo ambiental com quantidade de pessoas e recursos suficientes para executar as metas estabelecidas e desenvolver os programas necessários para o funcionamento do sistema. Estimar a quantidade de profissionais necessários para formar um núcleo ambiental de uma empresa depende de vários fatores, incluindo o tamanho da empresa, a complexidade de suas operações, os objetivos e metas ambientais estabelecidos e as exigências regulatórias aplicáveis.

Para portos e terminais, a ANTAQ possui uma estimativa de quantidade mínima de profissionais de acordo com o volume de movimentação de cada organização. Essa estimativa é exigida no Índice de Desempenho Ambiental da ANTAQ[1] da seguinte forma:

[1] Disponível em http://web.antaq.gov.br/ResultadosIda/. Acesso em fev.24

CAPACIDADE DE MOVIMENTAÇÃO	Nº DE PROFISSIONAIS
movimentação de mais de 20.000.000 t/ano;	6 profissionais
movimentação entre 10.000.000 t/ano e 20.000.000 t/ano;	5 profissionais
movimentação entre 1.000.000 t/ano e 10.000.000 t/ano;	4 profissionais
movimentação entre 100.000 t/ano e 1.000.000 t/ano;	3 profissionais
movimentação até 100.000 t/ano	2 profissionais

Tabela 3 - número de profissionais indicados para um Núcleo Ambiental conforme porte do empreendimento portuário

Todavia, ainda consideramos este quantitativo insuficiente, dada a complexidade das operações portuárias e a quantidade de aspectos a serem monitorados.

Para a formação de um Núcleo Ambiental, sugere-se também a distribuição de processos e a estruturação de pequenos núcleos de ação, a fim de sistematizar as tarefas e responsabilidades. No caso de portos e terminais, os processos podem ser organizados nos seguintes grupos:

Administrativos	Operacionais
Licenciamentos e outorgas (controle de estudos, licenças ambientais e atendimento a condicionantes)	Fiscalização de operações e de terceiros (de operadoras, contratadas, arrendatárias e terceiros)
Monitoramentos ambientais (realização de monitoramentos periódicos conforme licenças e acompanhamento de dragagens)	Emergências Ambientais (controle de planos e recursos de emergência, realização de simulados)
Educação Ambiental (formal, informal e difusa)	Auditorias e procedimentos operacionais (controle do sistema e suas não conformidades)
Inovação, Mudanças Climáticas e transição energética	Saneamento (controle de resíduos, efluentes e drenagens)

Tabela 4 - Sugestão de divisão de processos e equipes conforme natureza de atividades

A depender do porte da instalação ou dos tipos de cargas a serem movimentadas, estes núcleos podem ser mais ou menos específicos. Todavia, a identificação de processos principais e sua sistematização em núcleos próprios é essencial tanto para seu controle quanto para o melhoramento contínuo dos processos.

- **Elaborar programas e projetos**: Definidos os objetivos, mapeados os processos e determinadas as responsabilidades, o próximo passo é planejar as respectivas ações a serem desenvolvidas. Normalmente, para a organização dessas ações, estabelecem-se planos e programas, ou mesmo projetos específicos, visando à definição de estratégias e metodologias para sua execução.

Os programas são conjuntos de projetos relacionados que trabalham juntos para alcançar objetivos estratégicos mais amplos e de longo prazo. Os projetos são esforços temporários e únicos com um escopo específico e uma meta definida.

Assim, por exemplo, para as ações de educação ambiental pode ser definido um Programa de Educação Ambiental (com descrição do público a ser alcançado e temas a serem comunicados ou difundidos), do qual se desdobram vários projetos (de consumo consciente, de educação nas escolas, de capacitação para reciclagem e segregação de resíduos, etc.). Alguns exemplos de programas e projetos que podem ser adotados no SGA incluem:

• Compras Sustentáveis	• Eficiência Energética
• Transporte Sustentável	• Compensação de Carbono
• Gestão de Resíduos	• Monitoramento Ambiental
• Conservação de Recursos Naturais	• Gestão de Impacto Social
• Educação Ambiental	• Inovação

Tabela 5 - Exemplos de programas e projetos que podem ser adotados no SGA

A eficácia dos programas ambientais depende de uma abordagem abrangente, com metas claras, responsabilidades designadas, medição de desempenho e engajamento contínuo dos funcionários. Esses programas não apenas ajudam as organizações a atender a requisitos legais e regulatórios, mas também fortalecem a reputação da empresa, contribuem para a satisfação dos stakeholders e promovem a inovação sustentável.

- **Estabelecer meios para acompanhamento e melhoramento do sistema**: Por fim, um sistema robusto de monitoramento e avaliação é essencial para acompanhar o progresso em direção aos objetivos definidos, permitindo ajustes conforme necessário para melhorar o desempenho ambiental e social. Estes meios devem fazer parte do planejamento estratégico, pois são o termômetro pelo qual se mede o desempenho e a eficácia do que foi planejado. Portanto, mais do que planejar, é essencial que a estratégia envolva formas de mensurar e de verificar o andamento das ações, possibilitando sua correção ao longo do caminho. Abaixo veremos em pormenor a aplicação deste princípio.

2.4 Incorporação da gestão ambiental nos processos de produção e tomada de decisões

Incorporar a gestão ambiental de maneira profunda e eficaz nos processos de produção e na tomada de decisões exige uma transformação significativa nas práticas empresariais e na cultura organizacional.

Integração da Gestão Ambiental nos Processos de Produção
Na esfera dos processos de produção, a integração da gestão ambiental implica repensar e redesenhar as operações. Isso envolve a adoção de tecnologias mais limpas e eficientes, a otimização do uso de recursos naturais e a redução de resíduos. A implementação de práticas ecoeficientes não apenas minimiza o impacto

ambiental, mas também pode resultar em eficiências operacionais e redução de custos a longo prazo. Além disso, a consideração de princípios de economia circular, como a reutilização de materiais e a reciclagem, torna-se fundamental para promover a sustentabilidade ao longo do ciclo de vida do produto.

Portanto, é essencial mapear os processos operacionais e elaborar procedimentos que orientem e limitem seus aspectos práticos visando o controle ambiental das atividades. No caso de portos, estes procedimentos podem envolver:

- Gestão de resíduos (segregação, armazenamento, transporte e destinação final)
- Fiscalização de operações (o que pode ser realizado e quais os controles ambientais necessários)
- Abastecimento de máquinas e veículos
- Cadastramento de empresas para atuar na área do porto (com definição de critérios e responsabilidades)
- Limpeza de máquinas
- Atuação em casos de emergência
- Uso de equipamentos ou instrumentos de controle de impactos ambientais (como moegas ecológicas e barreiras para costado)
- Monitoramentos ambientais necessários e a forma de realizá-los (periodicidade, malha amostral, etc.)
- Armazenamento e transporte de produtos químicos

Tomada de Decisões com Perspectiva Ambiental

A tomada de decisões com uma perspectiva ambiental implica integrar considerações sustentáveis em todos os níveis da organização. Isso vai além de simplesmente atender a regulamentações; significa avaliar constantemente o impacto ambiental de cada escolha estratégica, em cada um dos setores da empresa. Adotar métricas ambientais na avaliação de desempenho e na definição de metas estratégicas cria um ciclo de melhoria contínua, promovendo uma cultura organizacional comprometida com a sustentabilidade.

Criação de uma Cultura Organizacional de Sustentabilidade
Para que a gestão ambiental seja verdadeiramente incorporada, é necessário criar uma cultura organizacional que a valorize. Isso implica educar e envolver os funcionários, garantindo que compreendam a importância das práticas sustentáveis. Incentivar a inovação e a participação ativa dos colaboradores na identificação de oportunidades para melhorias ambientais é essencial. Ao criar uma cultura que integra a sustentabilidade nos valores centrais da empresa, as práticas ambientais tornam-se parte intrínseca da identidade organizacional.

Liderança pelo Exemplo
Nesse ponto, a liderança pelo exemplo é fundamental para inspirar mudanças culturais. Os líderes devem demonstrar atitudes e comportamentos sustentáveis em suas próprias práticas de trabalho, mostrando que a sustentabilidade é uma prioridade em todos os níveis hierárquicos. Incorporar a sustentabilidade em eventos e iniciativas corporativas, como programas de voluntariado ambiental e eventos de conscientização, também ajuda a consolidar a importância da sustentabilidade na cultura organizacional. Ao longo do tempo, uma cultura organizacional que incorpora sustentabilidade se torna parte integrante da identidade da empresa.

2.4.1 Monitoramento e Avaliação de Desempenho Ambiental

Desenvolver indicadores de desempenho ambiental é um processo estratégico que exige atenção cuidadosa aos detalhes e consideração das características específicas da empresa. O primeiro passo é compreender os objetivos ambientais da organização, identificando as áreas de impacto significativo, como visto nos tópicos anteriores.

Alinhamento com Metas e Objetivos Organizacionais
Em seguida, é essencial alinhar os indicadores com as metas e objetivos organizacionais. Os indicadores de desempenho ambiental devem refletir o compromisso da organização com a

sustentabilidade e serem mensuráveis, específicos, alcançáveis, relevantes e temporais (SMART). Isso facilita a avaliação clara do progresso ao longo do tempo.

Definição de Benchmarks e Referências

A definição de benchmarks e referências é crucial. Comparar os indicadores de desempenho ambiental com padrões do setor, regulamentações ambientais e melhores práticas permite à organização avaliar seu desempenho em relação a padrões externos. Além disso, estabelecer metas ambiciosas e mensuráveis cria um impulso para melhorias contínuas.

Seleção de Indicadores Abrangentes

A seleção de indicadores deve ser abrangente, abordando diferentes aspectos do desempenho ambiental e deve guardar relação com a política do SGA. Isso pode incluir indicadores de eficiência energética, pegada de carbono, gestão de água, produção de resíduos, entre outros, dependendo da natureza das operações e do direcionamento estratégico da empresa.

Coleta de Dados Confiáveis

A coleta de dados confiáveis é uma etapa crítica. Implementar sistemas robustos de coleta e monitoramento de dados garante a precisão e a consistência das informações. A automação de processos sempre que possível pode facilitar a obtenção de dados em tempo real.

Implementação de Sistemas de Monitoramento

A implementação de sistemas de monitoramento para avaliar continuamente o desempenho ambiental geralmente envolve uma combinação de práticas, ferramentas e tecnologias específicas. No mercado, há uma variedade de softwares e outras ferramentas disponíveis que podem ser adaptadas às necessidades específicas de uma empresa.

- **Plataformas de Controle de Dados**: Por exemplo, o Power BI, desenvolvido pela Microsoft, permite que os usuários criem, visualizem e compartilhem insights a partir de dados de diversas fontes, como bancos de dados, serviços na nuvem, arquivos locais e aplicativos.

- **Softwares de Gestão Ambiental**: Existem diversos softwares de gestão ambiental no mercado que oferecem funcionalidades para monitoramento. Alguns sistemas integram módulos específicos para monitoramento de emissões, gestão de resíduos, eficiência energética, entre outros.
- **Sensores e Dispositivos de Monitoramento em Tempo Real**: A implementação de sensores para medir emissões, consumo de energia, qualidade da água e outros parâmetros ambientais é uma prática comum. Esses dados podem ser integrados aos sistemas de software para análise contínua.
- **Automatização da Coleta de Dados**: Automatizar a coleta de dados é essencial para garantir precisão e eficiência. A integração de sistemas de monitoramento com sensores automáticos ou IoT (Internet of Things) facilita a obtenção de dados em tempo real e reduz a dependência de processos manuais.

Revisão e Adaptação Contínua

Por fim, a revisão e a adaptação contínua são essenciais. À medida que a organização evolui e as circunstâncias mudam, os indicadores de desempenho ambiental também precisam ser ajustados. A análise regular dos resultados, a identificação de áreas para melhorias e a adaptação dos indicadores garantem a relevância e eficácia contínua do sistema de monitoramento ambiental.

2.4.2 Melhoria Contínua

A avaliação contínua do desempenho ambiental, com base nos dados coletados, permite identificar oportunidades de melhoria. Ela desempenha um papel fundamental em um Sistema de Gestão Ambiental (SGA).

Adaptação às Mudanças do Ambiente de Negócios

O ambiente de negócios está em constante evolução, com novas tecnologias, regulamentações e demandas dos clientes surgindo regularmente. A melhoria contínua permite que as organizações se adaptem a essas mudanças de maneira ágil e eficaz, ajustando seus processos e práticas para permanecerem competitivas e atenderem às expectativas do mercado.

Otimização de Processos e Redução de Desperdícios

Através da melhoria contínua, as organizações são capazes de identificar e aproveitar oportunidades de otimização em seus processos, sistemas e operações. Isso pode incluir a redução de desperdícios, a eliminação de atividades desnecessárias e a simplificação de procedimentos para aumentar a eficiência e reduzir os custos.

Redução de Riscos

A identificação e correção contínua de não conformidades e falhas nos processos, sistemas e práticas de uma organização ajudam a reduzir os riscos operacionais, financeiros, legais e de reputação associados a problemas de qualidade, segurança e conformidade.
Engajamento dos Colaboradores
Os colaboradores são incentivados e capacitados a contribuir com ideias e sugestões para melhorar os processos e resolver problemas. Isso aumenta o engajamento dos colaboradores e fortalece a cultura organizacional de busca pela excelência.

Inovação e Avanços Significativos

A melhoria contínua não se trata apenas de fazer pequenos ajustes incrementais, mas também de buscar inovações e avanços significativos que impulsionem a organização para frente. Ao cultivar uma cultura de melhoria contínua, as organizações podem garantir sua sustentabilidade a longo prazo e sua capacidade de se adaptar e prosperar em um ambiente empresarial dinâmico e desafiador.

3. Aspectos e impactos ambientais portuários

Jessica Galvão
Luane Lemos

Identificar e compreender os aspectos e impactos ambientais (AI) dentro de uma organização são etapas cruciais para o estabelecimento de práticas sustentáveis e responsáveis em diversas atividades que utilizam recursos ambientais. Essa análise proporciona uma visão abrangente dos efeitos que uma organização, projeto ou atividade pode ter sobre o meio ambiente, permitindo a implementação de medidas preventivas e corretivas.

Compreensão dos Riscos Ambientais
Essa identificação é fundamental para compreender os riscos ambientais associados às atividades e/ou projetos, bem como para reconhecer as partes interessadas envolvidas e as atividades da organização. Ao adquirir uma compreensão dos riscos ambientais inerentes, é possível antecipar danos ou acidentes potenciais envolvendo os recursos naturais utilizados e as comunidades afetadas.

Prevenção de Riscos Ambientais
No que tange à prevenção de riscos ambientais, o conhecimento dos aspectos e impactos contribui para a implementação de

medidas que evitem acidentes ambientais, como vazamentos de produtos químicos, contaminação de água e danos à fauna e flora.

Acesso aos Requisitos Legais
Para a compreensão dos aspectos, impactos e riscos das atividades de uma organização, é fundamental ter acesso aos requisitos legais pertinentes, os quais frequentemente exigem avaliações e mitigações obrigatórias. Além disso, essa abordagem pode revelar oportunidades para aprimorar a eficiência operacional, como a redução do consumo de recursos naturais, a otimização de processos produtivos e a minimização de resíduos.

Reputação e Imagem de Marca
Além de cumprir as obrigações legais, as empresas que revisam seus Aspectos e Impactos (AI) podem construir uma reputação e imagem de marca mais sólidas. Essa análise também pode revelar oportunidades para economizar recursos naturais, como energia e água. Tais práticas não apenas contribuem para a preservação do meio ambiente, mas também podem resultar em economias financeiras substanciais.

Responsabilidade Ambiental e Sustentabilidade
O conhecimento dos aspectos e impactos ambientais é essencial para promover a responsabilidade ambiental, garantir conformidade legal, gerenciar riscos, melhorar a eficiência operacional e construir uma reputação sustentável. O envolvimento e engajamento com comunidades locais, clientes, fornecedores e reguladores garantem a sustentabilidade a longo prazo das operações.

3.1 Conceito de aspectos e impactos ambientais

Para a implantação de um Sistema de Gestão Ambiental (SGA), com a finalidade de atendimento da norma NBR ISO 14001:2015, é necessário cumprir a exigência do levantamento de aspectos e impactos ambientais, conforme subcláusula 6.1.2.

Definição de Aspecto Ambiental

Aspecto ambiental é definido pela norma ISO 14001:2015 como o "componente das atividades, produtos ou serviços de uma organização que interage, ou tem potencial para interagir, com o meio ambiente". Portanto, ao identificar as atividades abrangidas pelo escopo de um sistema de gestão ambiental de uma empresa, os aspectos ambientais são todos os processos, ações ou atividades que, de algum modo, possuem interação com o meio ambiente.

Natureza dos Aspectos Ambientais

É importante ressaltar que os aspectos ambientais podem ser positivos (contribuindo para a preservação ou conservação ambiental) ou negativos (gerando impactos). Eles são identificados durante a análise das fases do ciclo de vida de um produto ou serviço. Alguns exemplos de aspectos ambientais incluem:

- Uso de recursos naturais
- Emissão de poluentes atmosféricos
- Geração de resíduos sólidos
- Consumo de energia
- Consumo de água
- Emissão de ruído

Definição de Impacto Ambiental

A norma ISO 14001:2015 conceitua impacto ambiental na Subcláusula 3.2.4 como a "modificação do meio ambiente, tanto adversa como benéfica, total ou parcialmente resultante dos aspectos ambientais de uma organização". Outra definição é mencionada pela Resolução do Conselho Nacional de Meio Ambiente (CONAMA) N° 001 de 23 de janeiro de 1986, que destaca no artigo 1°:

> Art. 1° - Para efeito desta Resolução, considera-se impacto ambiental qualquer alteração das propriedades físicas, químicas e biológicas do meio ambiente, causada por qualquer forma de matéria ou energia resultante das atividades humanas que, direta ou indiretamente, afetam: I- a saúde, a segurança e o bem-estar da população; II - as atividades

sociais e econômicas; III - a biota; IV - as condições estéticas e sanitárias do meio ambiente; V - a qualidade dos recursos ambientais.

Exemplos de Aspectos e Impactos Ambientais

Em termos práticos, um aspecto ambiental refere-se a qualquer elemento das atividades, produtos ou serviços de uma organização que pode interagir com o meio ambiente.

Por outro lado, o impacto ambiental refere-se às consequências ou efeitos que resultam dessa interação dos aspectos ambientais com o meio ambiente. São os resultados reais ou potenciais das atividades da organização sobre o meio ambiente. Incluem:

- Poluição do ar
- Contaminação do solo por resíduos sólidos
- Esgotamento de recursos não renováveis
- Poluição de corpos hídricos
- Poluição sonora

Exemplos de Impacto Ambiental em Zona Portuária

Alguns exemplos de impacto ambiental em zona portuária são:

- Poluição atmosférica
- Alteração da qualidade do corpo hídrico
- Introdução de espécies exóticas
- Contaminação de água ou solo por derramamento de óleo

Relação Entre Aspectos e Impactos Ambientais

É importante destacar que cada aspecto ambiental identificado tem o potencial de gerar um ou mais impactos. Por exemplo, o aspecto de emissão de poluentes atmosféricos pode resultar no impacto de qualidade do ar ou ainda na poluição hídrica (pela posterior precipitação do material suspenso sobre a água).

3.2 Classificação de impactos ambientais

No que tange à caracterização, os impactos podem ser classificados em algumas categorias que contribuem para a compreensão final de sua incidência e significância. Em outras palavras, para que se compreenda o grau de risco que o referido impacto ambiental pode causar, é necessário estabelecer critérios e métricas para mensurar seu grau de importância ou reversibilidade e sua consequente necessidade de controle ou mitigação.

A caracterização e classificação dos impactos ambientais são, assim, etapas cruciais no processo de avaliação e gestão ambiental de qualquer atividade, projeto ou empreendimento. Essas etapas **visam identificar, compreender e quantificar os efeitos adversos** que uma determinada atividade pode causar ao meio ambiente em diferentes escalas.

O impacto ambiental pode ser classificado de diversas maneiras para fins de elaboração de LAIA (Levantamento de aspectos e impactos ambientais). Alguns critérios comuns para classificar os impactos ambientais podem ser:

Segundo a Natureza do Impacto:

- **Impactos negativos:** São aqueles que causam danos ao meio ambiente, como poluição do ar, contaminação da água, destruição de habitats naturais, entre outros.
- **Impactos positivos:** São aqueles que geram benefícios ao meio ambiente, como a criação de áreas verdes, recuperação de áreas degradadas, conservação de recursos naturais, entre outros.

Segundo a Abrangência Geográfica:

- **Impactos locais:** Afetam diretamente a área imediata onde o empreendimento será instalado ou ampliado.
- **Impactos regionais:** Têm efeitos em uma área geográfica mais ampla, além da localidade imediata do empreendimento.

- **Impactos globais:** Estendem-se para além das fronteiras locais e regionais, afetando o meio ambiente em escala global.

Segundo o Período de Ocorrência:
- **Impactos temporários:** São aqueles que ocorrem durante a fase de construção ou implementação do empreendimento e podem ter duração limitada.
- **Impactos permanentes:** São aqueles que persistem ao longo da vida útil do empreendimento, mesmo após a conclusão das atividades de construção e operação.

Segundo a Reversibilidade:
- **Impactos reversíveis:** Podem ser mitigados ou revertidos por meio de medidas adequadas de controle ambiental.
- **Impactos irreversíveis:** Causam danos permanentes ao meio ambiente que não podem ser completamente corrigidos ou mitigados.

Outra classificação usual envolve critérios de probabilidade, magnitude, duração e severidade. Nesse caso, os impactos podem ser assim mensurados:

Segundo a Probabilidade

Refere-se à chance ou frequência de ocorrência de um determinado impacto ambiental. Pode ser classificada em termos com base em estimativas de frequência de eventos ou probabilidades de ocorrência.

- Classificação em **baixa, média ou alta probabilidade**

Segundo a Magnitude

Refere-se à intensidade ou extensão do impacto ambiental. Pode ser classificada dependendo da escala dos efeitos causados pelo impacto, como a quantidade de poluentes liberados, a área afetada, entre outros.

- Classificação em **baixa, média ou alta magnitude**

Segundo a Duração

Refere-se ao tempo durante o qual o impacto ambiental persiste ou é observado. Pode ser classificada com base na duração dos efeitos causados pelo impacto, como a duração da atividade que causa o impacto ou o tempo necessário para a recuperação do ambiente afetado.

- Classificação em **curto, médio ou longo prazo**

Segundo a Severidade

Refere-se à gravidade ou importância do impacto ambiental em relação aos valores ambientais, socioeconômicos ou culturais envolvidos. Pode ser classificada dependendo da extensão dos danos ou consequências associadas ao impacto.

- Classificação em **baixa, média ou alta severidade**

A norma ISO 14001:2015 também cita em seus anexos alguns critérios de avaliação de aspectos e impactos que incluem:

Critério relacionado ao aspecto ambiental:

- Tipo: elemento da atividade destacada pela empresa (operação, manutenção, administrativo).
- Frequência: Em quanto tempo este elemento pode ocorrer.

Critério relacionado ao impacto ambiental:

- Escala: Levando em consideração os graus que o impacto pode causar ao meio ambiente e as comunidades impactadas pelas atividades da organização (local, regional ou global).
- Severidade: o grau de danos que aquele elemento pode causar ao meio ambiente (ex: danos insignificantes, marginais, significativos, catastróficos).
- Duração/Exposição: tempo que o impacto pode perdurar.
- Probabilidade: grau de risco de ocorrência

Esses aspectos da caracterização e classificação dos impactos ambientais são essenciais para orientar a tomada de decisões informadas sobre o gerenciamento ambiental de uma atividade ou projeto. Ao compreender a natureza, a escala e a gravidade dos impactos, os responsáveis pela gestão ambiental podem desenvolver medidas de mitigação adequadas, implementar práticas sustentáveis e monitorar os efeitos ao longo do tempo, contribuindo para a proteção e preservação do meio ambiente.

Existe outros critérios que poderão servir de base e determinação de aspecto ambiental significativo tendo ele associado aos demais já levantados pela organização. São exemplos, entre outros:

- Requisitos legais associados ao impacto;
- Questões organizacionais da empresa, como definições de operações portuárias com maior impacto ao meio ambiente.

3.3 Métrica e definição de linha base

Identificados os impactos ambientais em suas respectivas classes e grupos, passa-se à definição de uma metodologia para atribuir "valores" a cada um dos grupos previamente definidos. Explica-se.

Caso a organização tenha decidido classificar seus impactos ambientais segundo os critérios de "probabilidade, magnitude, duração e severidade", estabelecendo três graus para cada um desses critérios, conforme exemplificado no tópico anterior, deverá atribuir um "peso" a cada um desses graus.

Exemplo:

PROBABILIDADE	PESO
Baixa (raro)	01
Média (usual)	03
Alta (frequente)	05

DURAÇÃO	PESO
Curto prazo	01
Médio prazo	03
Longo prazo	05

Alguns pesos podem ser predefinidos no grau máximo, como, por exemplo, em situações de emergência ou descumprimento de requisitos legais aplicáveis (que podem sempre ter peso 5, independentemente de terem curta duração, por exemplo).

Cada impacto ambiental, portanto, deverá ser avaliado em cada um dos critérios e classes previamente definidos. Assim, por exemplo, o impacto de degradação da qualidade do ar causado pelo aspecto "emissão de particulado" decorrente do processo "operação de granel sólido de soja em berço não mecanizado" deve ser avaliado em cada um dos critérios, a saber, "probabilidade, magnitude, duração e severidade", com a atribuição do respectivo "peso" referente à sua classificação.

Veja o exemplo:

Aspecto	Impacto	Probabilidade	Magnitude	Duração	Severidade	TOTAL
Geração de particulado (operação de granel sólido não mecanizado no berço A)	Poluição do ar	Alta – 05	Local – 01	Médio – 03	Médio - 03	12
		Operação é frequente	Os controles limitam a área de dispersão	Os poluentes permanecem suspensos por um tempo	Existem controles para evitar dispersão (reversível)	

Tabela 6 - Exemplo de classificação de aspectos e impactos

Por fim, a metodologia deve estabelecer a "linha base" para determinar o grau de significância do aspecto ambiental. No exemplo acima, se a metodologia utiliza quatro critérios com peso máximo de 5 para cada, então o impacto ambiental máximo seria a pontuação 20, que corresponde à soma do peso 5 em cada um dos 4 critérios.

Todavia, um impacto pode ser significativo mesmo com baixa duração ou pouca probabilidade ou frequência, como é o caso das situações de emergência, como incêndios ou derramamento de produtos químicos.

Portanto, as métricas costumam estabelecer uma "linha base" para determinar se um aspecto é ou não significativo. Nesse caso, o piso para definição da significância não seria 20 pontos, mas sim 15 ou 16, a critério da organização. Em outras palavras, todos os aspectos cuja soma dos pesos de critérios excedesse 15 pontos seriam considerados significativos.

A importância desta definição está na possibilidade de a organização identificar seus maiores pontos de atenção e estabelecer, consequentemente, controles necessários para eliminação ou mitigação dos riscos ambientais de suas atividades. Quanto maior o grau de significância do aspecto ambiental, maior a ordem de prioridade para seu controle. Além disso, essa definição pode auxiliar no estabelecimento de objetivos, metas, indicadores e programas da organização.

3.4 Realizando o Levantamento de Aspectos e Impactos Ambientais

Unindo as informações dos tópicos acima, é possível estabelecer um passo a passo para a realização do Levantamento de Aspectos e Impactos Ambientais do empreendimento ou atividade, conforme descrito abaixo.

O ponto de partida para identificar aspectos e impactos é reconhecer as atividades desenvolvidas pela organização, tais como carga e descarga de materiais; serviços e produtos oferecidos às embarcações; coleta de resíduos; fornecimento de provisões, energia ou água; armazenamento de cargas, incluindo aquelas classificadas como perigosas; e serviços de manutenção, tanto estrutural quanto das embarcações.

Após a verificação das atividades, é necessário levantar, para cada atividade listada, o elemento que pode ou poderá interagir com o meio ambiente: o aspecto ambiental. É importante destacar que a organização deve considerar os aspectos que pode controlar, ou seja, tomar ações necessárias para evitar ou mitigar, e aqueles que pode influenciar, geralmente ligados aos serviços prestados por terceiros.

Ao levantar os aspectos ambientais de suas atividades, é necessário que a empresa considere as mudanças, incluindo projetos (como execução de obras), produtos e serviços em fase de planejamento (novas cargas e modelos de operações novas). Também deve identificar situações consideradas normais e eventuais, ou seja, que ocorrem de forma rotineira e fazem parte dos processos e procedimentos, ou que podem acontecer, mas não fazem parte da rotina da empresa, além de situações emergenciais.

Com suas atividades e elementos destacados, a próxima etapa é o levantamento dos impactos ambientais associados, destacando tanto os positivos como os negativos, identificando as consequências ambientais decorrentes dos impactos levantados. É interessante caracterizar o impacto ambiental como: local, regional, global; direto ou indireto ou cumulativo. Esta análise deve ser determinada pela empresa, levando em consideração os riscos de suas atividades para o meio ambiente e comunidades próximas às atividades portuárias, acidentes ambientais já ocorridos na cidade, estado onde o porto se encontra ou ainda, em outros portos ou atividades semelhantes.

A avaliação dos impactos ambientais listados requer uma metodologia implantada pela empresa como forma de explicar como se deu a análise dos seus aspectos e impactos. A norma ISO 14001:2015 não especifica a forma como se deve executar esta avaliação, mas indica alguns critérios para que os resultados sejam coerentes. Esta avaliação tem como objetivo final identificar os aspectos ambientais significativos, ou seja, aqueles que não há como eliminar ou cuja eliminação/tratamento requer cuidados específicos, tornando necessário um controle devidamente apropriado.

3.4.1 Ações preventivas e corretivas para aspectos e impactos ambientais portuários

Após a definição dos aspectos ambientais significativos, é de suma importância que a empresa estabeleça formas de tratamento de seus impactos ambientais, principalmente os significativos, por meio de controles operacionais. Vale destacar que os riscos mencionados aqui são considerados operacionais, mas podem embasar a tomada de decisões estratégicas.

Uma metodologia frequentemente utilizada para o estabelecimento de ações preventivas e corretivas dos aspectos e impactos ambientais é a Avaliação do Ciclo de Vida (ACV). A norma NBR ISO 14040:2014 aborda a Avaliação do Ciclo de Vida, cujo objetivo principal é fornecer diretrizes e princípios gerais para conduzir Avaliações do Ciclo de Vida, uma técnica usada para avaliar o impacto ambiental de um produto, processo ou serviço ao longo de todo o seu ciclo de vida, desde a extração de matérias-primas até o descarte final.

A norma ISO 14040:2014 estabelece os princípios e a estrutura para a ACV, descrevendo os requisitos e recomendações para conduzir cada uma das quatro fases principais da ACV:

1. **Definição de Objetivo e Escopo**: Envolve a definição clara dos objetivos e limites da avaliação do ciclo de vida, incluindo a identificação dos produtos, processos ou serviços a serem avaliados, bem como as principais questões ambientais a serem abordadas.
2. **Análise do Inventário**: Identifica e quantifica todos os insumos e emissões associados ao sistema em avaliação ao longo de todo o seu ciclo de vida. Isso inclui matérias-primas, energia, água, emissões para o ar, água e solo, e resíduos gerados em todas as etapas do ciclo de vida.
3. **Avaliação de Impacto**: Os dados do inventário são usados para avaliar os impactos ambientais potenciais associados ao produto, processo ou serviço em avaliação, incluindo

mudanças climáticas, esgotamento de recursos naturais, poluição do ar, da água e do solo, entre outros.

4. **Interpretação dos Resultados**: Os resultados da ACV são interpretados e comunicados para apoiar a tomada de decisões informadas sobre a melhoria ambiental do produto, processo ou serviço. Isso envolve a análise das incertezas, limitações e implicações das conclusões da ACV.

A norma ISO 14040:2014 oferece uma estrutura metodológica abrangente e consistente para conduzir Avaliações do Ciclo de Vida, sendo amplamente utilizada por organizações e profissionais em todo o mundo.

Além desta, a norma NBR ISO 14002:2022 fornece orientações e exemplos para organizações que desejam aplicar seu Sistema de Gestão Ambiental a um conjunto mais focado de aspectos ambientais ou uma combinação de aspectos e condições específicas. Essa norma pode ser utilizada para levantar ações que evitem e/ou mitiguem potenciais impactos através do uso da hierarquia de controle operacional, aplicável para estabelecer controles preventivos (ações preventivas) ou corretivos, caso um impacto ocorra (ações corretivas).

A metodologia é baseada na gestão riscos. Quando verificado o aspecto ambiental, a organização pode:

- Buscar a **eliminação** da atividade ou aspecto, como por exemplo, instituir política de plástico zero;
- **Substituir** materiais e processos ou buscar alternativas menos danosas ao meio ambiente, como por exemplo a utilização de cargas a granel em bags com intuito de reduzir a emissão de particulados;
- Usar soluções de **Engenharia**, para isolar ou corrigir aspectos ambientais;
- Estabelecer procedimentos **Administrativos,** para controle de comportamentos e processos visando minimizar os impactos ambientais. Exemplo: criação de

procedimentos contendo controle operacionais, ou realização de treinamentos.

Os itens citados acima guardam uma hierarquia entre si, conforme mostra figura abaixo:

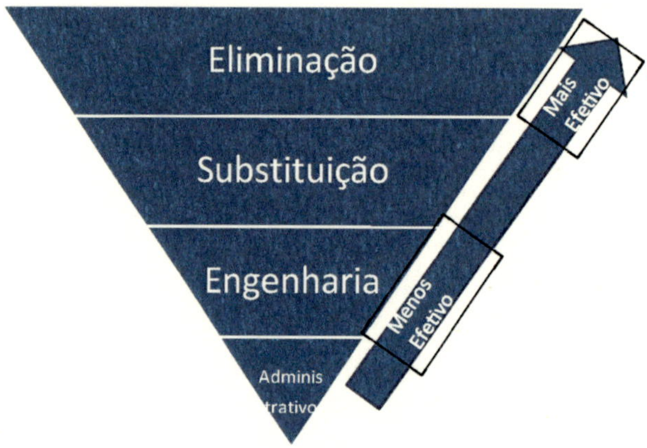

Figura 02 - Hierarquia controle Operacional segundo a ISO 14002:2022

O controle de hierarquia operacional pode ser utilizado de forma separada ou em conjunto. No entanto, para obter um maior controle dos riscos operacionais, sugere-se a combinação de um ou mais controles.

Após identificar os aspectos e impactos ambientais, incluindo os significativos, são desenvolvidas ações preventivas e corretivas que são convertidas em controles operacionais. Esses controles visam mitigar os impactos das atividades portuárias, tornando os processos menos prejudiciais ao meio ambiente e às comunidades afetadas por tais atividades.

É fundamental considerar as legislações e regulamentações federais, estaduais e municipais aplicáveis a portos e suas atividades ao levantar os aspectos e impactos ambientais. Associar os aspectos e impactos levantados com as normas aplicáveis é essencial. Por exemplo, os riscos potenciais das operações de granéis sólidos e líquidos que podem escoar para o corpo hídrico, causando impactos e danos ambientais, são proibidos pelas normas ambientais. Nesse caso, a organização deve estabelecer formas para evitar ou mitigar tais riscos.

Dada a escala de impactos ambientais que podem ser causados por atividades portuárias, é importante estabelecer ações para seus aspectos e impactos significativos. Algumas ações que podem ser adotadas incluem:

- **Uso de tecnologias para reduzir a matriz energética**: Implementação de tecnologias que otimizem o consumo de energia.
- **Estabelecimento de planos de descarbonização**: Criação de estratégias para reduzir as emissões de carbono.
- **Uso de maquinários que diminuam a emissão de particulados**: Como o uso de moegas ecológicas.
- **Alternativas para a redução de resíduos encaminhados ao aterro sanitário**: Implementação da prática de coleta seletiva, entre outras.

3.4.2 Monitoramento dos Aspectos e Impactos Ambientais Portuários.

O monitoramento de aspectos ambientais é uma prática fundamental em um Sistema de Gestão Ambiental (SGA). O monitoramento contínuo assegura o cumprimento de metas ambientais, identifica oportunidades de melhoria e garante a conformidade com requisitos legais e regulamentares.

Os aspectos e impactos ambientais previamente levantados devem orientar a definição de Indicadores de Desempenho Ambiental. Esses indicadores, que variam de acordo com a natureza da atividade, devem ser mensuráveis, relevantes e sempre alinhados aos objetivos ambientais e à política da organização.

Para o acompanhamento dos indicadores, é necessário estabelecer a periodicidade de verificação, ou seja, determinar os intervalos nos quais o cumprimento das metas será avaliado. Esses períodos devem ser suficientes para permitir a evolução dos critérios e sua correção dentro de um ciclo pré-estabelecido.

Por exemplo, é possível estabelecer uma meta anual de redução do consumo de energia em 20% comparado ao consumo do ciclo anual anterior. A periodicidade de verificação deste indicador pode ser trimestral, permitindo a verificação do status de cumprimento da meta a cada trimestre e a aplicação de ações corretivas ao longo do ciclo anual para atingir o objetivo final.

Todas as informações devem ser devidamente documentadas para garantir a transparência, subsidiar eventuais auditorias internas e externas e demonstrar a conformidade com padrões e regulamentos. Manter uma série histórica de controles e metas auxilia na análise de tendências ao longo do tempo, permitindo identificar padrões, antecipar possíveis problemas e avaliar o progresso em relação às metas e objetivos ambientais estabelecidos.

A comunicação regular dos resultados dos monitoramentos, tanto interna quanto externamente, garante a transparência, reforça o compromisso da organização com a responsabilidade ambiental e pode fortalecer relacionamentos com partes interessadas.

Os resultados do monitoramento dos aspectos e impactos ambientais são determinantes para a revisão periódica do Sistema de Gestão Ambiental, permitindo que a organização ajuste estratégias, políticas e práticas à medida que o contexto ambiental e operacional evolui.

3.4.3 Controle e mitigação

O controle e a mitigação de aspectos ambientais são processos fundamentais que visam minimizar ou eliminar os impactos ambientais adversos associados às atividades de uma organização. Estas práticas são parte integrante de uma abordagem preventiva para garantir que as operações sejam conduzidas de maneira sustentável.

Após identificar os impactos ambientais de suas operações, a definição dos controles operacionais necessários envolve uma abordagem sistemática e prática. Comece priorizando os impactos identificados com base em sua gravidade e probabilidade de ocorrência. Em seguida, analise boas práticas da indústria, regulamentos ambientais e padrões aplicáveis para determinar quais medidas de controle são recomendadas para mitigar ou prevenir esses impactos específicos.

Ao avaliar as opções de controle, considere uma variedade de medidas, tais como:

- **Mudanças nos processos de produção**: Adaptação dos processos para reduzir ou eliminar os impactos ambientais.
- **Uso de tecnologias mais limpas**: Implementação de tecnologias que gerem menos resíduos e emissões.
- **Implementação de procedimentos operacionais**: Estabelecimento de procedimentos que minimizem riscos ambientais.
- **Treinamento de funcionários**: Capacitação dos colaboradores para assegurar a correta execução dos procedimentos e práticas ambientais.

Além disso, avalie o custo-benefício de cada opção, considerando os custos associados à implementação e manutenção dos controles em relação aos benefícios esperados em termos de redução de impactos ambientais e conformidade com regulamentos.

Com base nessa análise, selecione os controles operacionais mais adequados e viáveis para cada impacto ambiental prioritário. Desenvolva planos de ação detalhados para implementar esses controles, incluindo responsabilidades, prazos e recursos necessários. Após a implementação, monitore regularmente a eficácia dos controles por meio de indicadores de desempenho ambiental, auditorias internas e feedback dos funcionários.

Revisite periodicamente os controles para garantir que continuem sendo eficazes e faça ajustes conforme necessário. Mantenha registros detalhados de todos os controles operacionais implementados, incluindo procedimentos operacionais, resultados de monitoramento, incidentes relacionados ao meio ambiente, treinamento de funcionários e outras informações relevantes.

Seguindo esses passos, você poderá definir e implementar controles operacionais eficazes para mitigar os impactos ambientais de suas operações, promovendo a sustentabilidade ambiental e garantindo conformidade com os requisitos legais e regulamentares.

Abaixo, alguns exemplos de ações que podem ser consideradas controles e ações de mitigação de impactos ambientais.

TIPOS DE CONTROLE E MITIGAÇÃO	AÇÕES QUE PODEM SER ADOTADAS
Práticas de Gestão Ambiental	• Desenvolvimento e implementação de procedimentos e políticas ambientais. • Estabelecimento de metas e objetivos ambientais. • Treinamento e capacitação dos funcionários em práticas ambientalmente responsáveis. • Monitoramento e controle de operações para garantir conformidade com regulamentos ambientais.
Tecnologias Mais Limpas	• Adoção de tecnologias e processos que reduzem o consumo de recursos naturais, a geração de resíduos e emissões. • Investimento em equipamentos mais eficientes em termos energéticos e de recursos. • Implementação de sistemas de recuperação e reciclagem de materiais.
Manutenção Preventiva	• Programas de manutenção regular para garantir o bom funcionamento de equipamentos e prevenir vazamentos, derramamentos ou outras fontes de poluição. • Inspeções periódicas para identificar e corrigir potenciais problemas ambientais antes que se tornem crises.

Gestão de Resíduos	• Implementação de práticas de redução, reutilização e reciclagem de resíduos. • Segregação adequada de resíduos perigosos e não perigosos. • Contratação de serviços de gestão de resíduos certificados e ambientalmente responsáveis.
Compensação Ambiental	• Investimento em projetos de compensação ambiental, como reflorestamento, conservação de habitats naturais ou programas de educação ambiental na comunidade.
Restauração Ambiental	• Reabilitação de áreas degradadas ou impactadas pelas operações da organização, através de programas de restauração de ecossistemas, reabilitação de habitats naturais ou remediação de áreas contaminadas.
Compensação Financeira	• Pagamento de multas ou taxas ambientais como forma de compensação pelos impactos ambientais causados. • Contribuição para fundos ambientais destinados a projetos de conservação e recuperação ambiental.
Engajamento com a Comunidade	• Diálogo e colaboração com as partes interessadas locais para entender suas preocupações e implementar medidas para mitigar os impactos sobre a comunidade. • Implementação de programas de responsabilidade social corporativa que beneficiem as comunidades afetadas.

Tabela 8 - Exemplo de controles e mitigação de impactos

Estabelecer formas de monitoramento dos aspectos e impactos ambientais, especialmente os significativos, e implementar medidas corretivas quando necessário, bem como medidas preventivas quando aplicável, são maneiras de promover a melhoria contínua das práticas ambientais portuárias.

LEVANTAMENTO DE ASPECTOS E IMPACTOS

1. PROCESSOS
realize o levantamento de todos os processos, operações, projetos, atividades realizados em sua organização

Liste todas as atividades: operações portuárias (de quais tipos, em quais locais, de quais cargas); atividades administrativas; projetos e obras; manutenções; ações de responsabilidade socioambiental (para aspectos positivos). Lembre-se que para cada tipo de operação há processos e impactos diferentes. Portanto, não seja generalista, especifique ao máximo.

2. ASPECTOS
identifique como esses processos interagem com o meio ambiente (geram resíduo? consomem energia? lançam particulado?)

Os aspectos são os meios pela qual essas operações podem impactar o meio ambiente (ainda não é o impacto em si). Então são aspectos: o consumo dos recursos naturais; a geração de resíduos e de efluentes; o uso de produtos químicos; a emissão de particulados ou de ruídos; a queda de material nos corpos hídricos; o derrame de óleo

3. IMPACTOS
Liste os impactos ambientais que cada aspecto gera (poluição do ar? contaminação da água? escassez de recursos naturais? ruído?)

Os impactos são os resultados do aspecto, a forma (positiva ou negativa) que as ações alteram o meio ambiente. Então são impactos: a escassez dos recursos naturais; a contaminação do solo pelo descarte irregular de resíduos, ou pelo vazamento de produtos químicos; a poluição do ar pela emissão de particulados; a poluição sonora pela geração de ruído; a contaminação de corpos hídricos etc.

4. CLASSIFICAÇÃO
Classifique seus impactos ambientais conforme critérios pré-definidos (magnitude, duração, probabilidade, severidade etc)

As classificações podem envolver: Probabilidade, magnitude, duração, severidade

5. MÉTRICA
Defina ordens de valor para cada classificação de impacto (p.ex. severidade de 1 a 5) e determine uma fórmula e uma linha base para estabelecer aspectos significativos

Para cada classificação, defina ordens de valor como, por exemplo: baixo (valor 1) ; médio (valor 3) ; alto (valor 5). Defina uma fórmula para cálculo dos impactos (que pode ser a soma simples dos valores definidos a cada impacto, ou por meio de definição de pesos). Defina um valor máximo de significância para identificar os impactos significativos

6. SIGNIFICÂNCIA
Identifique os aspectos significativos (aqueles, que não há como eliminar ou a eliminação/tratativa requer cuidados específicos)

Com base no valor máximo definido no item 5 (que servirá como "nota de corte"), você poderá identificar o grau de seus impactos. Por exemplo, se a instituição estabelecer o valor máximo de significância como 16, então todos os aspectos que, na soma dos valores de suas classificações apresente nota maior que 16 serão considerados significativos.

7. CONTROLES
Defina quais providências serão adotadas para eliminação ou redução de cada um dos impactos

Identificado o grau de significância de seus aspectos, defina os meios de controle de cada um dos impactos (definição de procedimentos, uso de barreiras, equipamentos ou tecnologias, fiscalizações, eliminação de fontes, etc.)

8. MITIGAÇÃO
Estabeleça metodologia para acompanhamento de impactos e programas específicos para tratamento ou prevenção de aspectos significativos

Defina formas para realizar o acompanhamento das medidas de controle estabelecidas, garantindo a efetiva mitigação ou eliminação de impactos ambientais de sua atividade.

Figura 3 - Passo a Passo para identificação e controle de aspectos e impactos ambientais

4. Licenciamento ambiental

Ana Carolina Coutinho

A Lei Federal n° 9.638/1981, que dispõe sobre a Política Nacional de Meio Ambiente (PNMA), além de instituir o Sistema Nacional de Meio Ambiente (SISNAMA) e o Conselho Nacional de Meio Ambiente (CONAMA), apresenta instrumentos essenciais desta política. O estabelecimento de padrões de qualidade ambiental, o zoneamento ambiental, a avaliação de impactos ambientais, o licenciamento e a revisão de atividades efetivas ou potencialmente poluidoras são exemplos desses instrumentos.

O objetivo maior da PNMA é estabelecer princípios, instrumentos e uma organização de modo a instituir um amplo sistema de gestão ambiental capaz de promover a correta relação entre as atividades humanas e o meio ambiente, controlando os impactos e promovendo a conservação de ambientes naturais.

Nesse sentido, o licenciamento ambiental é um instrumento que permite aos órgãos do Sistema Nacional de Meio Ambiente o diagnóstico, mapeamento e controle de atividades potencialmente poluidoras e seus respectivos riscos ambientais.

Neste capítulo, discutiremos o licenciamento ambiental como um instrumento da Política Nacional de Meio Ambiente, trazendo informações gerais sobre o que é o licenciamento ambiental, quem pode licenciar, como o processo deve ser conduzido, quais atividades são sujeitas ao licenciamento e, por fim, abordaremos as discussões atuais sobre o licenciamento ambiental de áreas portuárias.

4.1 Aspectos Gerais do Licenciamento Ambiental

De acordo com Milaré (2004), o licenciamento ambiental pode ser entendido como uma ação por meio da qual a Administração Pública procura exercer o devido controle sobre as atividades humanas que possam causar impactos ao meio ambiente. Este controle é um mecanismo de defesa e preservação ambiental, já que é por meio dele que a Administração Pública impõe condições e limites para o exercício de uma atividade potencial ou efetivamente poluidora, como afirma Farias (2015).

Esse instrumento, embora estabelecido em 1981 pela Política Nacional de Meio Ambiente, atuou em patamar infraconstitucional até a Constituição de 1988. Na Constituição Federal de 1988, o Art. 225 estabelece que "todos têm direito ao meio ambiente ecologicamente equilibrado, bem de uso comum do povo e essencial à sadia qualidade de vida, impondo-se ao Poder Público e à coletividade o dever de defendê-lo e preservá-lo para as presentes e futuras gerações" (CF, 1988). Este artigo eleva o equilíbrio ambiental ao rol dos direitos fundamentais do indivíduo (Milaré, 2004).

Ainda no mesmo artigo, é explicitamente estabelecido que, para assegurar a efetividade do meio ambiente equilibrado, cabe ao Poder Público controlar a produção, a comercialização e o emprego de técnicas, métodos e substâncias que comportem risco para a vida, a qualidade de vida e o meio ambiente (CF, 1988). De forma prática, isso se traduz no processo de licenciamento ambiental realizado pelos órgãos das esferas federal, estadual e municipal.

O conceito de "licenciamento ambiental" ganha uma definição formal em 1997, na Resolução n° 237 do Conselho Nacional de Meio Ambiente (CONAMA), que o define como "procedimento administrativo pelo qual o órgão ambiental competente licencia a localização, instalação, ampliação e a operação de empreendimentos e atividades utilizadoras de recursos ambientais, consideradas efetiva ou potencialmente poluidoras ou daquelas que, sob qualquer forma, possam causar degradação ambiental, considerando as disposições legais e regulamentares e as normas técnicas aplicáveis ao caso" (Resolução CONAMA n°237/97).

O processo de licenciamento ambiental tem como objetivo a emissão de um ato administrativo, que pode ser uma licença ambiental ou um ato equivalente, como uma outorga ou autorização ambiental, por exemplo. Na bibliografia sobre a temática, existem diferentes conceituações sobre o que é uma licença ambiental. Para Silva (2004), trata-se de um ato administrativo que se propõe a controlar preventivamente as atividades de particulares no exercício de seus direitos, no que diz respeito à exploração ou uso de um bem ambiental de sua propriedade. Na Cartilha de Licenciamento Ambiental do Tribunal de Contas da União (2007), licença ambiental é uma outorga concedida pela Administração Pública para a possibilidade de funcionamento de uma atividade potencialmente ou significativamente poluidora.

Não desconsiderando estas e outras definições, adotaremos a seguinte: trata-se de um importante documento emitido pela autoridade ambiental competente, estabelecendo um prazo para a possibilidade de uso, construção ou operação de um dado empreendimento. Nesse documento, são estabelecidas diversas regras que devem ser seguidas de forma imperativa, sob a possibilidade de que o documento possa ser revogado, o empreendimento possa ser embargado e os responsáveis pelo empreendimento possam ser responsabilizados civil, penal e administrativamente.

A licença ambiental geralmente apresenta as seguintes informações:

1. Identificação do órgão emissor da Licença;
2. Tipo da Licença;
3. Número da Licença;
4. Data de emissão e Validade da licença;
5. Processo administrativo associado à licença;

6. Identificação da pessoa física ou jurídica licenciada;
7. Descrição da atividade licenciada;
8. Condicionantes Ambientais que devem ser seguidas pelo empreendedor para que a licença continue válida.

A licença ambiental, portanto, constitui a etapa final do processo de licenciamento ambiental e espera-se que as informações apresentadas no âmbito do processo administrativo sejam suficientemente robustas para que a análise do corpo técnico do órgão ambiental possa estabelecer critérios que devem ser seguidos pelo empreendedor. Esses critérios visam maximizar os impactos ambientais positivos e anular, minimizar ou mitigar os impactos ambientais negativos identificados. Como bem apontado por Farias (2015), nada impede que a empresa ou atividade econômica em questão tome cuidados ainda maiores em relação ao meio ambiente do que aqueles prescritos na licença concedida.

Trata-se de um processo complexo e, por vezes, demorado, mas essencial para garantir um meio ambiente ecologicamente equilibrado para esta e futuras gerações.

4.2 Atividades sujeitas ao licenciamento ambiental

Segundo o Art. 225 da Constituição Federal de 1988, estão sujeitas a licenciamento ambiental todas as atividades ou empreendimentos considerados potencialmente poluidores. Ou seja, qualquer atividade humana que tenha potencial de produzir dano ao meio ambiente (seja de pequeno, médio ou significativo risco) deve passar por licenciamento ambiental.

Buscando exemplificar quais atividades teriam, a princípio, o potencial poluidor naturalmente atrelado à sua natureza, a Resolução do CONAMA n° 237/97 aponta um rol (não exaustivo, ou seja, não fechado) de empreendimentos e atividades que estão sujeitos ao licenciamento, na qual aparecem as seguintes tipologias:

Extração e tratamento de minerais;	**Indústria de papel de celulose;**	**Indústrias diversas;**
Indústria de produtos minerais não metálicos;	Indústria de Borracha;	Obras civis;
Indústria metalúrgica;	Indústria de couros e peles;	Serviços de utilidade;
Indústria Mecânica;	Indústria química;	Transporte, terminais e depósitos;
Indústria de material elétrico, eletrônico e comunicações;	Indústria de produtos de matéria plástica;	Turismo;
Indústria de material de transporte;	Indústria têxtil, de vestuário, calçados e artefatos de tecidos;	Atividades diversas ou uso de recursos naturais;
Indústria de madeira;	Indústria de produtos alimentares e bebidas;	Atividades agropecuárias

Tabela 9 – Empreendimentos e atividades sujeitas a licenciamento

Esse vasto rol descritivo inclui especificações dentro de cada um dos 22 grandes grupos apresentados. Trata-se de uma lista de caráter exemplificativo, como aponta Farias (2015).

Ressalta-se também que, por ser uma resolução datada de 1997, várias atividades surgidas após a década de 1990, principalmente com o avanço da tecnologia e robótica, não são contempladas em tal anexo. No entanto, a ausência direta ou indireta de uma atividade no citado anexo não garante a dispensa do empreendedor de realizar o processo de licenciamento ambiental.

De acordo com o Art. 10 da Lei n° 6938/81

> Art. 10. A construção, instalação, ampliação e funcionamento de estabelecimentos e atividades utilizadores de recursos ambientais, efetiva ou potencialmente poluidores ou capazes,

> sob qualquer forma, de causar degradação ambiental dependerão de prévio licenciamento ambiental.

É também na Política Nacional de Meio Ambiente que está descrito que o poluidor pode ser pessoa física ou jurídica, de direito público ou privado, responsável, direta ou indiretamente, por atividade causadora de degradação ambiental (art. 3°, IV da Lei n° 6938/81).

Portanto, mais do que a presença de uma dada atividade no Anexo 1 da Resolução CONAMA n° 237/97, o que determina a necessidade ou não de um empreendimento providenciar licenciamento ambiental de sua atividade é o potencial poluidor do mesmo e sua capacidade de impactar o meio à sua volta. A necessidade de licenciamento é aplicável à pessoa física ou jurídica.

Nesse caso, empreendimentos ou atividades potencialmente poluidoras que não constem no rol da Resolução CONAMA n° 237/97 devem fazer consulta formal ao órgão ambiental competente, o qual tem a atribuição para estabelecer se a referida atividade é ou não passível de licenciamento. Em outras palavras, não cabe ao empreendedor ou particular decidir se sua atividade é ou não licenciável, mas sim ao órgão ambiental componente do SISNAMA.

A esse respeito, importante ressaltar a definição trazida pela Resolução CONAMA n° 01/1986 sobre o que, para fins de licenciamento, é impacto ambiental:

> Artigo 1° - Para efeito desta Resolução, considera-se impacto ambiental qualquer alteração das propriedades físicas, químicas e biológicas do meio ambiente, causada por qualquer forma de matéria ou energia resultante das atividades humanas que, direta ou indiretamente, afetam:
> I - a saúde, a segurança e o bem-estar da população;
> II - as atividades sociais e econômicas;
> III - a biota;
> IV - as condições estéticas e sanitárias do meio ambiente;
> V - a qualidade dos recursos ambientais.

Trata-se de um conceito amplo com o objetivo de abranger todo o tipo de possíveis interferências no meio ambiente. O último termo, "meio ambiente", foi descrito de forma igualmente ampla na Política Nacional de Meio Ambiente (Art 3º, inciso I):

> I - meio ambiente, o conjunto de condições, leis, influências e interações de ordem física, química e biológica, que permite, abriga e rege a vida em todas as suas formas (Lei 6938/1981).

Os empreendimentos passíveis de licenciamento, ou seja, que de alguma forma possam causar degradação ambiental, devem avaliar sua classificação quanto ao porte (tamanho) e respectivo potencial poluidor (tipo e magnitude). Caso o empreendimento seja classificado como de significativo potencial poluidor, o processo de licenciamento deve ser realizado mediante a apresentação de Estudo de Impacto Ambiental (EIA) e Relatório de Impactos ao Meio Ambiente (RIMA).

Portanto, todas as atividades que têm potencial de causar dano ambiental devem ser licenciadas. Entre estas, apenas as que possuem um potencial de dano significativo estão obrigadas a apresentar EIA/RIMA para seu licenciamento.

A lista citada no Anexo 1 da CONAMA 237/97 serve como orientação, podendo ser complementada por normas mais específicas nas esferas estaduais e municipais. Em regra, o IBAMA e as Secretarias Estaduais e Municipais possuem uma listagem de atividades passíveis de licenciamento ambiental, disponível ao acesso de qualquer interessado. Quase sempre, este arquivo é disponibilizado no site do órgão, mas, na ausência no meio digital, pode ser solicitado presencialmente na instituição.

4.3 Fases e procedimento do licenciamento ambiental

Como anteriormente citado, o processo de licenciamento ambiental é complexo, motivo pelo qual deve ser atentamente planejado, visando conciliar prazos de elaboração de estudos, análise do órgão e outras etapas com a necessidade de o empreendedor possuir a licença para cada fase de seu empreendimento ou atividade.

De acordo com Farias (2015), o licenciamento ambiental não é composto de uma única fase ou ato, mas de uma sequência de fases ou atos diretamente relacionados, cujo objetivo é verificar se uma determinada atividade está efetivamente adequada aos padrões de qualidade ambiental prescritos pela legislação ou pelo órgão ambiental.

Estas fases são associadas à análise de viabilidade (inclusive locacional), de construção e de operação de uma dada atividade, estando relacionadas, respectivamente, às licenças prévia, de instalação e de operação.

De acordo com a Resolução Conama nº 237/97, a definição para cada uma dessas licenças é apontada abaixo:

> Licença Prévia (LP) – concedida na fase preliminar do planejamento do empreendimento ou atividade aprovando a sua localização e concepção, atestando a viabilidade ambiental e estabelecendo os requisitos básicos e condicionantes a serem atendidos nas próximas fases de sua implementação;
> Licença de Instalação (LI) – autoriza a instalação do empreendimento ou atividade de acordo com as suas especificações constantes dos planos, programas e projetos aprovados, incluindo as medidas de controle ambiental e demais condicionantes, da qual constituem motivo determinante;
> Licença de Operação (LO) – autoriza a operação da atividade ou empreendimento, após a verificação do efetivo cumprimento do que consta das licenças anteriores, com as medidas de controle ambiental e condicionantes determinados para a operação. (Resolução CONAMA n°237/97)

Percebe-se, portanto, que se trata de um traçado lógico de permissões para que uma dada atividade possa acontecer, considerando o respeito ao meio ambiente das áreas direta ou indiretamente afetadas. Embora usualmente exista essa interdependência e cronologia, nem sempre os processos de licenciamento ambiental possuem essas três citadas fases. O parágrafo único do Art. 8° da Resolução CONAMA n° 237/97 prevê que "as licenças ambientais poderão ser expedidas isolada ou sucessivamente, de acordo com a natureza, características e fase do empreendimento ou atividade".

Nesse contexto, de forma prática, os órgãos ambientais podem emitir licenças ambientais oriundas de processos simplificados ou de processos unificados. Para o primeiro caso, é necessário que a atividade em questão possua pequeno potencial de impacto ambiental. Para os processos unificados, "poderá ser admitido um único processo de licenciamento ambiental para pequenos empreendimentos e atividades similares e vizinhas ou para aqueles integrantes de planos de desenvolvimento aprovados previamente pelo órgão governamental competente, desde que definida a responsabilidade legal pelo conjunto de empreendimentos ou atividades".

Cada uma das licenças – prévia, de instalação ou de operação – possui prazos de validade e documentações mínimas que devem ser requeridas para seu pleito. Cumpre ressaltar que, conforme o CONAMA, a Licença Prévia tem prazo de validade de, no mínimo, o estabelecido no cronograma do estudo ambiental apresentado, não podendo ser superior a cinco anos. Para a Licença de Instalação, o prazo é de, no mínimo, o estabelecido no cronograma de construção do empreendimento ou instalação da atividade, não superior a seis anos. No caso da Licença de Operação, seu prazo de vigência deve considerar os planos e programas ambientais apresentados, não inferior a quatro anos e não superior a dez anos.

É possível que o órgão ambiental competente, considerando a eventual necessidade de encerramento ou modificação do empreendimento ou outras peculiaridades, estabeleça outro prazo de validade para a referida licença.

Cada licença possui um prazo de validade e, no que se refere à renovação das licenças, esta deve ser requerida com antecedência mínima de 120 dias da expiração de seu prazo de validade, ficando automaticamente prorrogada até a manifestação final do órgão licenciador. Na renovação, o órgão licenciador pode aumentar ou diminuir o prazo de validade após avaliação do desempenho da atividade ou empreendimento, respeitados os limites mínimo e máximo para o tipo de licença.

Importante destacar que, além dos três tipos de licenças ambientais citados, é comum que os órgãos ambientais competentes também emitam outros atos administrativos, como Autorizações Ambientais, Licenças de Regularização, Autorizações de Manejo de Fauna (para coleta, captura, transporte e monitoramento), Autorização de Supressão de Vegetação, Autorização de Uso de Áreas de Preservação Permanente, Outorgas de Direito de Uso de Recursos Hídricos, entre outras.

A nomenclatura dessas autorizações pode sofrer pequenas alterações entre um órgão e outro, mas seguem a lógica de serem o produto final de uma análise das considerações ambientais informadas pelo empreendedor, assegurando que o Poder Público seja atuante na proposição de garantir um meio ambiente equilibrado para todos.

4.4 Competência do Licenciamento Ambiental

Por critérios lógicos e corroborados pelo art. 7° da Resolução CONAMA 237/97, o processo de licenciamento ambiental deve ser constituído em um único nível de competência, isto é, ou na esfera federal ou na estadual ou a nível municipal. Essa determinação evita discordâncias de análise, agiliza tempo e otimiza processo.

Segundo a Lei Complementar n° 140/11, a nível federal, representado pelo Instituto Brasileiro do Meio Ambiente e dos Recursos Naturais Renováveis – IBAMA, compete (art. 7°):

> XIV - promover o licenciamento ambiental de empreendimentos e atividades:
> a) localizados ou desenvolvidos conjuntamente no Brasil e em país limítrofe;
> b) localizados ou desenvolvidos no mar territorial, na plataforma continental ou na zona econômica exclusiva;
> c) localizados ou desenvolvidos em terras indígenas;

> d) localizados ou desenvolvidos em unidades de conservação instituídas pela União, exceto em Áreas de Proteção Ambiental (APAs);
> e) localizados ou desenvolvidos em 2 (dois) ou mais Estados;
> f) de caráter militar, excetuando-se do licenciamento ambiental, nos termos de ato do Poder Executivo, aqueles previstos no preparo e emprego das Forças Armadas, conforme disposto na Lei Complementar nº 97, de 9 de junho de 1999;
> g) destinados a pesquisar, lavrar, produzir, beneficiar, transportar, armazenar e dispor material radioativo, em qualquer estágio, ou que utilizem energia nuclear em qualquer de suas formas e aplicações, mediante parecer da Comissão Nacional de Energia Nuclear (Cnen); ou
> h) que atendam tipologia estabelecida por ato do Poder Executivo, a partir de proposição da Comissão Tripartite Nacional, assegurada a participação de um membro do Conselho Nacional do Meio Ambiente (Conama), e considerados os critérios de porte, potencial poluidor e natureza da atividade ou empreendimento;

Além do supracitado, há que se considerar portarias específicas do IBAMA e outros dispositivos legais que versem sobre a temática de licenciamento ambiental, como é o caso do Decreto n° 8437/2015, no qual se estabelece as tipologias de empreendimentos e atividades cujo licenciamento ambiental será de competência da União.

De igual forma, a LC 140/11 também define o que é de competência de licenciamento ambiental dos órgãos estaduais e dos municipais. Segundo a norma, aos municípios compete (art. 9º):

> XIV - observadas as atribuições dos demais entes federativos previstas nesta Lei Complementar, promover o licenciamento ambiental das atividades ou empreendimentos:
> a) que causem ou possam causar **impacto ambiental de âmbito local**, conforme **tipologia definida pelos respectivos Conselhos Estaduais de Meio Ambiente**, considerados os critérios de porte, potencial poluidor e natureza da atividade; ou
> b) localizados em unidades de conservação instituídas pelo Município, exceto em Áreas de Proteção Ambiental (APAs);

Por fim, de modo suplementar, a lei define como sendo de competência dos Estados (Art. 8º, XIV) "promover o licenciamento ambiental de atividades ou empreendimentos utilizadores de recursos ambientais, efetiva ou potencialmente poluidores ou capazes, sob qualquer forma, de causar degradação ambiental, ressalvado o disposto nos Arts. 7º e 9º". E ainda, "promover o licenciamento ambiental de atividades ou empreendimentos localizados ou desenvolvidos em unidades de conservação instituídas pelo Estado, exceto em Áreas de Proteção Ambiental (APAs)" (Inciso XV do mesmo artigo).

Em outras palavras, excluídas as competências da União e dos Municípios, cabe aos Estados o licenciamento ambiental de todas as atividades e empreendimentos poluidores. A competência para licenciar também pode ser delegada pelo ente responsável a outro, por convênio, acordos de cooperação técnica e outros instrumentos semelhantes.

Na esfera federal, o IBAMA possui a Instrução Normativa nº 008 (de 20/02/19) que "estabelece os procedimentos administrativos no âmbito do IBAMA para a delegação de licenciamento ambiental de competência federal" para outros órgãos de Meio Ambiente componentes do SISNAMA.

Dada a realidade e particularidade do IBAMA, bem como das diversas secretarias estaduais e municipais, quando da necessidade de início de um processo de licenciamento ambiental, vasta pesquisa deve ser realizada nos órgãos ambientais da região, de forma a traçar a estratégia do licenciamento do empreendimento.

Além da competência do licenciamento, outro fator relevante é a consulta junto aos órgãos intervenientes, como o Instituto Chico Mendes de Conservação da Biodiversidade (ICMBio) quando há possibilidade de impactos em Unidades de Conservação, conforme a Resolução CONAMA nº 428/2010; a Fundação Nacional do Índio (FUNAI); o Instituto do Patrimônio Histórico e Artístico Nacional (IPHAN); o Instituto Nacional de Colonização e Reforma Agrária (INCRA); ou o Ministério da Saúde, quando o empreendimento impactar terras indígenas, bens acautelados, terras quilombolas, ou estiver localizado em regiões endêmicas de malária, respectivamente, conforme a Portaria Interministerial MMA/MJ/MC/MS nº 60/2015.

Ressalta-se que a consulta junto aos órgãos intervenientes é imprescindível à viabilidade do processo de licenciamento ambiental do empreendimento, podendo contar com a participação dos citados órgãos em todas as fases do processo de licenciamento ambiental.

Nesse contexto de discussões, importante ressalva deve ser dada às previsões de cooperação entre União, Estados, Distrito Federal e Municípios, trazidas pela LC 140, nas ações administrativas decorrentes do exercício da competência comum relativas à proteção das paisagens naturais notáveis, à proteção do meio ambiente, ao combate à poluição em qualquer de suas formas e à preservação das florestas, da fauna e da flora.

4.5 Licenciamento Ambiental Portuário

Pelo exposto até aqui, percebe-se que o processo de licenciamento ambiental é complexo, necessitando de uma análise holística de legislação diversa sobre o assunto, considerando práticas e dispositivos legais existentes nas esferas federal, estadual e municipal, onde, por vezes, mais de um órgão avaliador pode ser acionado. Trata-se também de um processo burocrático com grande volume de informações técnicas, onde são apresentados dados diversos sobre o empreendimento em questão e os aspectos ambientais do entorno do mesmo.

Agora, imaginemos que, somado a esse contexto de grandes e diversas informações, tenhamos como empreendimento de análise uma região cuja localização compreende não somente faixas territoriais, mas também áreas marítimas e costeiras, que, por si, possuem outra vasta gama de legislações aplicáveis e um grande volume de dados de pesquisas e discussões científicas de diversas áreas do saber. Esse é o cenário do licenciamento ambiental portuário.

Na tentativa de ajudar os empreendedores desse ramo, o Ministério da Infraestrutura, através da Subsecretaria de

Sustentabilidade, elaborou o "Guia Orientativo para o Processo de Licenciamento Ambiental de Portos". Trata-se de uma publicação introdutória ao assunto, mas que, de acordo com a realidade de cada empreendimento e de cada órgão responsável por licenciar o porto, informações adicionais devem ser pesquisadas.

O citado guia traz as etapas do processo de licenciamento ambiental, seguindo as diretrizes do licenciamento ambiental no âmbito federal. Tomaremos a liberdade de roteirizar abaixo o sequenciamento das tratativas necessárias à gestão de um processo de licenciamento ambiental portuário:

Passo 1: Definição da Estratégia do Licenciamento
É primordial definir em qual esfera será realizado o licenciamento ambiental do empreendimento. No caso de área portuária, essa definição, a princípio, acontecerá junto ao órgão federal. Porém, é possível que a competência de licenciamento tenha sido delegada a outra esfera. Esse passo é crucial para a abertura do processo administrativo e complementação das informações necessárias ao órgão avaliador.

Passo 2: Consulta ao Órgão Licenciador
Com a informação de qual será o órgão avaliador, é necessário formalizar o interesse em uma licença ambiental ou ato equivalente. Via de regra, esta abertura de processo acontece com a apresentação de informações sobre o empreendimento a ser licenciado e sobre o empreendedor. Este é o momento oportuno para indicar qual a licença de interesse e fornecer informações adicionais sobre o estudo ambiental a ser apresentado para apreciação do órgão licenciador.

Passo 3: Aproximação com o Órgão Avaliador
Este passo não deve ser considerado uma regra, mas é aconselhável que, no momento da abertura do processo, haja a apresentação do empreendimento aos técnicos e analistas do órgão de análise. Nessa aproximação, várias arestas podem ser acertadas e as impressões e necessidades, tanto do empreendedor quanto do

órgão ambiental, se tornam mais coesas. Essa abertura de contato varia de órgão para órgão e de equipe técnica para equipe técnica. Entretanto, se possível, é uma importante estratégia de aproximação.

Passo 4: Triagem Dentro do Órgão Ambiental

Em alguns casos, essa triagem pode ocorrer associada à necessidade de pagamento de taxa específica para análise ou consulta do órgão ambiental. Nesse momento, o órgão informa se é realmente responsável pelo licenciamento do empreendimento e quais documentos devem ser apresentados pelo empreendedor, entre outras informações. Geralmente, é nessa etapa que o órgão apresenta o Termo de Referência que deve ser seguido pelo empreendedor para a elaboração e posterior apresentação do estudo ambiental requerido. Alguns órgãos possuem Termos de Referência pré-estabelecidos para a realidade portuária, como é o caso do IBAMA, mas isso não é regra nas secretarias estaduais. Nesse caso, o empreendedor pode sugerir um Termo de Referência ou aguardar o modelo proposto pelo próprio órgão. De qualquer forma, o Termo de Referência a ser usado deve ter o deferimento do órgão competente. Este é um momento oportuno para a realização de consultas junto aos eventuais órgãos intervenientes, para otimizar os prazos e não impactar o planejamento do empreendedor.

Passo 5: Elaboração dos Estudos Ambientais

De posse do Termo de Referência, o empreendedor deve elaborar o estudo ambiental solicitado pelo órgão, seguindo criteriosamente as regras estabelecidas no Termo de Referência deferido. Esses estudos devem ser feitos por equipe técnica competente e multidisciplinar, considerando sempre a realidade do empreendimento no levantamento dos dados ambientais.

Passo 6: Abertura de Processo Administrativo

Nesse momento, devem ser apresentados ao órgão licenciador todas as informações do empreendimento (memorial descritivo, projeto, ou outro documento equivalente), documentação do empreendedor (da empresa e do responsável legal), estudos ambientais (incluindo informações da equipe técnica responsável pela elaboração e respectivas Anotações de Responsabilidade Técnica, quando aplicável, e Cadastro Técnico Federal, conforme Resolução CONAMA 001/88), documento de anuência municipal (que avalia se a realidade do empreendimento é permitida de acordo com a lei de zoneamento local), entre outros. O rol de documentos exigidos muda a cada fase do licenciamento. É necessário consultar o órgão ambiental sobre a listagem de documentos necessários.

Os estudos ambientais servem para diagnosticar e mensurar os possíveis impactos positivos e negativos do empreendimento (no meio físico, biótico, cultural, econômico, socioambiental e outros). Identificados os impactos, o estudo deve indicar as medidas para evitá-los ou reduzi-los.

Um Estudo de Impacto Ambiental (EIA) e seu respectivo Relatório de Impacto Ambiental (RIMA) são documentos importantes no processo de licenciamento ambiental de projetos que possam causar impactos significativos ao meio ambiente. O conteúdo de um EIA/RIMA deve possuir, no mínimo:

Introdução	• Descrição do empreendimento/projeto. • Justificativa para a realização do projeto. • Objetivos do estudo.
Caracterização do Empreendimento	• Descrição detalhada do projeto, incluindo sua localização, dimensões, tecnologias envolvidas etc. • Identificação das fases do projeto (construção, operação, desativação etc.).
Caracterização do Meio Ambiente Afetado	• Descrição do meio ambiente natural e humano da área afetada pelo projeto. • Identificação e avaliação dos recursos naturais (fauna, flora, recursos hídricos, solo, ar etc.).

Identificação dos Impactos Ambientais	• Avaliação dos impactos diretos e indiretos do projeto sobre o meio ambiente. • Identificação das áreas sensíveis e vulneráveis. • Avaliação dos impactos durante todas as fases do projeto.
Proposição de Medidas Mitigadoras	• Medidas para minimizar, compensar ou eliminar os impactos negativos identificados. • Descrição das medidas de controle ambiental a serem implementadas durante a construção e operação.
Programa de Monitoramento Ambiental	• Definição de programas e métodos de monitoramento para avaliar a eficácia das medidas propostas. • Indicação dos indicadores a serem monitorados e a periodicidade das avaliações.
Síntese dos Resultados	• Resumo dos principais achados do estudo. • Destaque dos impactos mais relevantes e das medidas propostas.

Tabela 10 - Conteúdo do EIA-RIMA

Passo 7: Publicidade do Requerimento do Licenciamento Ambiental

Com o processo gerado, o empreendedor deverá realizar a publicação no Diário Oficial e em Jornal de Grande Circulação do interesse em licenciar uma atividade, informando o órgão ambiental de análise, o número do processo gerado, o empreendedor interessado, a localização do empreendimento, o tipo da licença e a data de requerimento. Essas publicações, por serem requisitos legais obrigatórios, são apensadas no processo para composição da análise do órgão competente.

Passo 8: Análise Ambiental do Órgão Licenciador

O órgão competente avalia todas as informações apresentadas, buscando identificar os impactos do empreendimento na região e estabelecer condicionantes para eliminar, reduzir ou mitigar eventuais impactos ambientais. Nesse momento, espera-se que os eventuais órgãos intervenientes já tenham se manifestado sobre o enquadramento do empreendimento, permitindo uma troca de informações que possibilite ao órgão ambiental se manifestar de forma mais segura para continuidade do processo.

Paralelamente, o órgão pode solicitar a realização de audiências ou reuniões públicas para envolver a comunidade afetada nas discussões sobre o empreendimento. Normalmente, a audiência pública é requerida para apresentação e discussão do RIMA. De acordo com a Resolução CONAMA Nº 9/87, a audiência pública será promovida pelo órgão licenciador sempre que julgar necessário ou quando solicitado por entidade civil, pelo Ministério Público ou por 50 (cinquenta) ou mais cidadãos.

O procedimento da licença pode incluir, além da análise técnica, visitas ou vistorias no local da atividade ou empreendimento. É comum que os processos contenham manifestação jurídica em seus autos. O processo de licenciamento pode, ainda, requerer a anuência ou manifestação de outros órgãos intervenientes, como ICMBio, IPHAN, FUNAI ou INCRA, caso a atividade tenha impacto sobre território de povos originários e comunidades tradicionais.

Passo 9: Emissão da Licença Ambiental ou Ato Equivalente

O órgão emite parecer pelo deferimento ou indeferimento da licença pleiteada, cabendo uma justificativa técnica para o indeferimento, para que o empreendedor possa se adequar ou recorrer da decisão. Quando o órgão defere o pleito, emite a licença com as respectivas condicionantes ambientais. O empreendedor deverá seguir todas as obrigações propostas, sob pena de ter a licença revogada.

Passo 10: Publicidade de Recebimento da Licença

Caso o órgão emita a licença, cabe ao empreendedor realizar nova publicização via Diário Oficial e Jornal de Grande Circulação, informando à sociedade o recebimento da licença, com detalhes como tipo de licença, atividade, localização do empreendimento, número da licença e do respectivo processo administrativo junto ao órgão ambiental responsável.

Passo 11: Controles Ambientais e Cumprimento de Condicionantes da Licença

Já licenciado, o empreendedor deve garantir que os planos e programas ambientais propostos nos estudos serão seguidos para garantir a menor interferência possível no meio ambiente. Esse passo é contínuo e pode ter desdobramentos diversos, dependendo das particularidades do empreendimento.

Para comprovar o cumprimento dos monitoramentos ambientais, o órgão pode exigir periodicamente a entrega de relatórios de atendimento a condicionantes, com os resultados das análises realizadas ao longo do período licenciado. Outra forma de acompanhamento é a entrega de um relatório único de cumprimento de condicionantes no pedido de renovação da Licença Ambiental.

As condicionantes de licença podem ser alteradas após a emissão, a critério do órgão licenciador. Também é possível que, alteradas as condições durante o tempo do licenciamento e agravando-se o risco ambiental do empreendimento, o órgão ambiental revogue as licenças expedidas, mediante decisão justificada. As licenças ambientais não são atos administrativos irretocáveis; elas podem ser canceladas ou revistas, o que traz certa insegurança jurídica para grandes investimentos.

Considerações Finais

Esse passo a passo pode ter variações, dependendo do órgão de análise, devendo sempre ser seguidas as instruções repassadas pelo órgão licenciador. No entanto, salvo uma ou outra contribuição, os processos de licenciamento ambiental a nível nacional seguem a sistemática acima apresentada.

O licenciamento ambiental, dada sua complexidade, é uma rotina que pode ser executada por uma vasta gama de profissionais, mas qualquer que seja o profissional, ele precisará lidar com grande quantidade de legislação ambiental, considerando normativas federais, estaduais e municipais. Além disso, é imperativo que, ao iniciar um processo de licenciamento ambiental, esta legislação seja revisitada, principalmente as portarias dos órgãos ambientais e intervenientes, a fim de verificar sua vigência ou eventual revogação.

É um processo burocrático que precisa ser acompanhado de perto junto aos órgãos para garantir maior agilidade na finalização. Fato é que, o processo de licenciamento ambiental é a forma mais segura de assegurar ao Poder Público controle sobre o uso diverso do meio ambiente, permitindo o estabelecimento de regras de uso dos recursos naturais e garantindo um meio ambiente saudável para as gerações futuras.

5. Monitoramentos ambientais

Livia Rios
Jackeline Gonçalves

Monitoramento ambiental refere-se à "realização de observações e medições de parâmetros ambientais com a finalidade de avaliar a qualidade ambiental de um ecossistema ou o desempenho ambiental de uma empresa" (Barsano e Japi, 2014, p.33). Esta ferramenta contribui de forma substancial no processo de gestão ambiental, pois auxilia no mapeamento operacional dos impactos atrelados ao desenvolvimento da atividade.

Em áreas portuárias, onde o processo industrial é intenso, medições e concentrações de poluentes podem alcançar com maior frequência os limites padronizados na legislação ambiental. Deste fato surge a necessidade da execução de monitoramentos contínuos em escala a ser definida levando em consideração fatores como: parâmetros regulados legalmente, fontes poluidoras, estudos prévios, condicionantes de licenças ambientais, disponibilidade financeira e viabilidade técnica.

Neste capítulo, apresentaremos monitoramentos ambientais desenvolvidos em áreas portuárias e as principais características ligadas ao tema.

5.1 Monitoramento da Qualidade do Ar

Os aspectos adversos da poluição atmosférica têm exigido, no cenário mundial, maior regulação quanto aos níveis de poluentes lançados ao meio ambiente. Em 2021, a Organização Mundial da Saúde atualizou os valores de referência para definição das concentrações máximas desses poluentes, além de indicar os valores que promoveriam mais proteção à saúde humana.

No Brasil, os limites máximos aceitáveis de concentração de poluentes atmosféricos no ar ambiente são estabelecidos pelo Conselho Nacional do Meio Ambiente (CONAMA), por meio da Resolução nº 491 de 19/11/2018. O quadro 1 apresenta os padrões de qualidade do ar regulados pelo CONAMA.

PADRÕES DE QUALIDADE DO AR						
Poluente Atmosférico	**Período de Referência**	**PI - 1**	**PI - 2**	**PI - 3**	**PF**	
		μg/m³	μg/m³	μg/m³	μg/m³	**ppm**
Material Particulado - MP10	24 horas	**120**	**100**	**75**	**50**	-
	Anual[1]	**40**	**35**	**30**	**20**	-
Material Particulado - MP2,5	24 horas	**60**	**50**	**37**	**25**	-
	Anual[1]	**20**	**17**	**15**	**10**	-
Dióxido de Enxofre - SO2	24 horas	**125**	**50**	**30**	**20**	-
	Anual[1]	**40**	**30**	**20**	-	-
Dióxido de Nitrogênio - NO2	1 hora[2]	**260**	**240**	**220**	**200**	-
	Anual[1]	**60**	**50**	**45**	**40**	-
Ozônio - O3	8 horas[3]	**140**	**130**	**120**	**100**	-
Fumaça	24 horas	**120**	**100**	**75**	**20**	-
	Anual[1]	**40**	**35**	**30**	**20**	-

Monóxido de Carbono - CO	8 horas[3]	-	-	-	-	**9**
Partículas Totais em Suspensão - PTS	24 horas	-	-	-	**240**	-
	Anual[4]	-	-	-	**80**	-
Chumbo - Pb[5]	Anual[1]	-	-	-	**0,5**	-
1 - Média Aritmética Anual						
2 - Média horária						
3 - Máxima média móvel obtida no dia						
4 - Média geométrica anual						
5 - Medido nas partículas totais em suspensão						

Tabela 11 – Padrões de qualidade do ar. Fonte: CONAMA, 2018

A determinação de parâmetros para a qualidade do ar constitui um instrumento importante na gestão ambiental, pois os valores são adquiridos através de estudos que analisam a concentração e o tempo de exposição aos poluentes, visando preservar o meio ambiente e a saúde das pessoas dos danos causados pela poluição do ar.

Uma estratégia essencial no monitoramento de poluentes atmosféricos é a implementação de uma rede de monitoramento, composta por estações equipadas com instrumentos específicos. Existem dois tipos de estações: as móveis, que podem operar em veículos, e as fixas, que operam em pontos determinados.

O Ministério do Meio Ambiente e Mudança do Clima (2023) determina que "a escolha dos tipos de equipamentos de medição deve levar em consideração, além dos padrões legais a serem atendidos, os recursos necessários para sua aquisição, as certificações obtidas pelos mesmos, a operação, manutenção e a funcionalidade dos equipamentos". Essas estratégias devem ser seguidas também nas áreas portuárias.

O monitoramento da qualidade do ar envolve a interação de diversos fatores, tais como condições meteorológicas, dispersão de poluentes, topografia, relevo e edificações. Estes fatores devem integrar estudos como a modelagem de dispersão atmosférica e o inventário de fontes, itens recomendados como necessários na implementação de redes de monitoramento, segundo o Guia Técnico para o Monitoramento e Avaliação da Qualidade do Ar do MMA.

Todos os equipamentos utilizados nos monitoramentos devem ser calibrados, e os laboratórios responsáveis pelos laudos e testes devem ser acreditados por órgãos reconhecidos, para garantir a credibilidade dos dados obtidos. O monitoramento da qualidade do ar é uma ferramenta crucial na gestão ambiental portuária, devendo ser consolidado para que as medidas de controle e mitigação alcancem os níveis desejáveis.

5.2 Monitoramento de Fumaça Preta

O IBAMA, através da Portaria nº 85 de 17 de outubro de 1996, determina que todas as empresas com frota de veículos movidos a diesel devem criar um programa de autofiscalização quanto à emissão de fumaça preta, parâmetro que indica o mau funcionamento do veículo.

Em áreas portuárias com grande movimentação de veículos movidos a diesel, é necessário monitorar a fumaça preta ou exigir de terceiros o cumprimento dessa obrigação como forma de fiscalização e responsabilidade solidária.

Os equipamentos utilizados para esse monitoramento são o opacímetro e a escala Ringelmann. Este último, por ser um método mais simples, tem grande aplicabilidade em várias empresas. A determinação do padrão ocorre a partir da comparação da densidade da fumaça com as tonalidades impressas na escala através de um pentágono vazado. As determinações são aplicadas para fontes fixas e móveis, conforme as normas NBR 6016 para fontes móveis e CETESB L9.061 para fontes fixas.

5.3 Monitoramento de Ruído Ambiental

O monitoramento de ruído ambiental consiste na determinação de emissões que excedem os limites aceitáveis, causando desconforto à população ou à fauna. A legislação federal aplicável é a Resolução CONAMA n° 001 de 08/03/90, que estabelece os limites e critérios para emissão de ruídos em decorrência de quaisquer atividades (industriais, comerciais, sociais, recreativas). Segundo essa resolução, os níveis de ruído devem ser medidos de acordo com a Norma ABNT NBR n° 10.151, que fixa as condições exigíveis para a avaliação da aceitabilidade do ruído ambiental.

Para esse monitoramento, recomenda-se a utilização de sonômetros, decibelímetros ou medidores de pressão sonora, que devem atender os critérios da norma IEC 61672, e os calibradores dos equipamentos devem atender à norma IEC 60942.

A ABNT estabelece que as medições de ruído ambiental ocorram nos períodos diurnos e noturnos, levando em consideração que o período noturno não deve começar depois das 22h00 e não deve terminar antes das 07h00 do dia seguinte, conforme o item 6.2.2 da Norma NBR n° 10.151/00. Caso estados e municípios possuam normas mais restritivas, estas devem ser adotadas como princípio.

O parâmetro a ser analisado no monitoramento é o nível de pressão sonora equivalente (LAeq). Todas as interações do ambiente devem ser pontuadas, visto que, em ambientes com grande fluxo operacional, como áreas portuárias, é difícil determinar o ruído de fundo, ou seja, os ruídos advindos do ambiente sem interferência das atividades do empreendimento.

Os resultados e as avaliações deverão ser comparados aos valores normativos, conforme quadro demonstrativo a seguir, baseado na norma reguladora:

TIPOS DE ÁREAS	DIURNO	NOTURNO
	dB (A)	**dB (A)**
Sítios e fazendas	40	35
Estritamente residencial urbano, de hospitais, escolas	50	45
Predominantemente residencial	55	50
Misto, com vocação comercial e administrativa	60	55
Mista, com vocação recreacional	65	55
Predominantemente industrial	70	60

Tabela 12 – Nivel de critérios de avaliação NCA. Fonte: ABNT NBR n° 10.151/00

O monitoramento de ruído certifica se o empreendimento atende às normas ligadas à temática e norteia a tomada de decisão para medidas de controle, caso os padrões excedam os limites aceitáveis.

5.4 Monitoramento de Efluente

O monitoramento de efluentes consiste em medições para determinar a conformidade dos parâmetros atendidos para o devido lançamento das águas servidas em cursos d'água. A norma que rege as determinações sobre o assunto é a Resolução CONAMA nº 430/2011, que complementa e altera a Resolução CONAMA nº 357/2005. Esta resolução preconiza que "os efluentes de qualquer fonte poluidora somente poderão ser lançados, direta ou indiretamente, nos corpos de água, após o devido tratamento e desde que obedeçam às condições, padrões e determinadas exigências".

Em ambientes industriais e áreas portuárias, essa exigência referente ao lançamento de efluentes requer avaliações e medições mais constantes, visto que são áreas com maior nível de exposição a componentes que podem agregar características contaminantes à água.

O monitoramento de efluentes requer a avaliação de parâmetros normatizados, através de ensaios laboratoriais seguindo as determinações da ABNT NBR nº 17025. É recomendado que as análises de temperatura e pH sejam realizadas preferencialmente em campo com a utilização de instrumentos portáteis, visando a qualidade analítica das amostras.

Seguindo os padrões normatizados, os equipamentos utilizados no monitoramento de efluentes devem ser calibrados periodicamente, e a ABNT NBR nº 9898 regulamenta todos os procedimentos de coleta, acondicionamento e preservação de amostras.

A gestão adequada de efluentes requer cuidados específicos, entre eles, o tratamento eficaz através de estações. Esta prática é primordial para que os resultados do monitoramento alcancem os padrões exigidos pelas normas reguladoras.

5.5 Monitoramento de Recursos Hídricos, Sedimentos e Biota

O monitoramento ambiental é uma ferramenta utilizada para avaliar se as previsões de impactos e as medidas de prevenção e controle sugeridas nos estudos ambientais foram eficazes durante a implantação e operação de um empreendimento. O objetivo do monitoramento é garantir um controle contínuo da qualidade ambiental desde o início da implantação do empreendimento e permanentemente durante todo o seu funcionamento. Os princípios do monitoramento são:

1. Identificação dos parâmetros a serem monitorados
2. Definição dos pontos de amostragem (rede de amostragem)
3. Estabelecimento da frequência de amostragem

4. Escolha dos métodos de coleta e análise
5. Interpretação dos resultados

Para compreender o que ocorre no ambiente portuário e prever possíveis impactos em circunstâncias ambientais específicas, é fundamental obter informações abrangentes sobre a qualidade ambiental da região ao longo do tempo. Sendo assim, a maioria dos portos e terminais possui em suas condicionantes de licença e planos ambientais a obrigatoriedade de realização dos monitoramentos ambientais de águas superficiais, conforme os seguintes planos de monitoramento:

- Monitoramento dos Recursos Hídricos
- Monitoramento dos Sedimentos
- Monitoramento da Biota Aquática: Fitoplâncton, Zooplâncton, Ictioplâncton, Ictiofauna, Macrofauna Bentônica
- Monitoramento de Espécies Exóticas/Invasoras

Para cada um desses monitoramentos, é necessário definir, em um Plano Ambiental, os parâmetros a serem monitorados, a frequência ou periodicidade das campanhas e a quantidade e localização dos pontos de monitoramento.

Definição dos Parâmetros a Serem Monitorados

Algumas normas, como a Resolução CONAMA nº 357, de 17 de março de 2005, estabelecem parâmetros para a qualidade da água, determinando quantidades máximas de concentração de parâmetros orgânicos e inorgânicos. Para fins de monitoramento ambiental, entretanto, a autoridade ambiental pode estabelecer quais parâmetros devem ser monitorados pela empresa licenciada, dependendo do tipo de atividade e das cargas movimentadas.

Periodicidade das Campanhas de Monitoramento

O monitoramento deve ser realizado através de campanhas periódicas, onde são realizadas coletas de amostras em um ou mais pontos até a obtenção completa da amostra que comporá a totalidade dessa campanha. A periodicidade das campanhas (se mensal, bimestral, semestral ou outra) deve ser definida pelo órgão ambiental, com base no plano ou estudo ambiental apresentado pela empresa.

Pontos de Monitoramento

Para a escolha dos pontos de coleta de monitoramentos ambientais, considera-se a área de influência direta e indireta do empreendimento, de forma que possa ser verificada a qualidade da água a jusante e a montante do porto, além de eventuais pontos de controle.

- Ponto de Controle: É um ponto ou condições de referência dentro de uma determinada região ou bacia hidrográfica. O ponto deve ser um ambiente livre da ação antrópica ou o menos impactado dentro da área de estudo. É fundamental que as características físicas, geológicas e hidrológicas entre os pontos a serem comparados sejam compatíveis (Guia Nacional de Coleta e Preservação de Amostras, ANA 2011).

Na descrição sobre a malha amostral, devem ser delineadas as informações referentes ao ponto de coleta (localização e identificação), data, hora e condição do tempo. Os pontos de amostragem de água devem coincidir com os de sedimento e da biota aquática, para possibilitar uma avaliação integrada dos resultados.

Procedimentos Relevantes para Realização dos Monitoramentos

- Coleta em pontos amostrais pré-determinados, podendo variar em localização e quantitativo, desde que previsto no licenciamento ambiental.
- Análise técnica e criteriosa dos dados coletados.
- Elaboração de relatório com os resultados das campanhas.
- Anotação de Responsabilidade Técnica (ART) registrada no Conselho de Classe.

- Correto arquivamento de laudos, ART, cadeia de custódia, certificado de calibração, ficha de campo e/ou coleta, *checklist* e informações de laboratórios.
- Calibração periódica dos equipamentos com certificados emitidos por órgão competente.
- Obediência à Legislação Ambiental e de SST vigente.
- Definição da metodologia aplicada, incluindo fórmulas para estimativas dos volumes apresentados em relatório.
- Manutenção de tabela detalhada contendo a classificação taxonômica dos indivíduos listados.
- Elaboração de mapa georreferenciado assinalando pontos de riscos de contaminação, áreas de preservação permanente, hidrografia e local das atividades.
- Avaliação das principais alterações ambientais decorrentes da operação portuária e definição das ações de controle/mitigação das águas em cursos hídricos, estuários e baías.
- Análises de água e sedimentos realizadas por laboratórios acreditados pelo INMETRO ou aceitos pelo órgão ambiental competente.
- Visita técnica à área de abrangência dos serviços antes do início dos trabalhos, para entender as operações portuárias e avaliar as relações de causa-efeito entre as operações do porto e os resultados obtidos no monitoramento.

5.5.1 Monitoramento de Recursos Hídricos

Monitoramento de Recursos Hídricos

O monitoramento de recursos hídricos pode ser entendido como a atividade de coleta e análise de dados de qualidade das águas superficiais existentes nas áreas de influência direta da região portuária, em conformidade com as diretrizes definidas na Resolução CONAMA N°357/2005 e suas revisões.

A avaliação preliminar de riscos ecológicos é realizada através do monitoramento ambiental preventivo dos ecossistemas em risco. Em função da grande diversidade de impactos ambientais sobre os ecossistemas aquáticos, o controle ambiental de riscos ecológicos deve envolver uma abordagem integrada, através do monitoramento da qualidade física, química e biológica da água, bem como a avaliação da qualidade estrutural de hábitats (Goulart, M. & Callisto, M. 2003).

A metodologia adotada no monitoramento de recursos hídricos da região portuária geralmente envolve uma abordagem multidisciplinar que combina várias técnicas e ferramentas para avaliar a qualidade da água e monitorar potenciais impactos ambientais decorrentes das atividades portuárias. Inicialmente, é necessário estabelecer claramente os objetivos do monitoramento. Eles podem incluir a avaliação da qualidade da água, a quantidade de água disponível, o impacto das atividades humanas nos recursos hídricos, entre outros. É importante identificar os corpos d'água e as fontes de água que serão monitorados.

Para a elaboração do plano de monitoramento, deve-se determinar quais parâmetros serão monitorados para atingir os objetivos estabelecidos. Isso pode incluir pH, oxigênio dissolvido, nutrientes, metais pesados, entre outros parâmetros orgânicos ou inorgânicos. É necessário determinar a frequência com que as amostras serão coletadas e os locais onde serão realizadas as medições. Elas podem variar dependendo dos objetivos do monitoramento e das características dos recursos hídricos em questão.

Desenvolva protocolos detalhados para a coleta de amostras e análise dos parâmetros escolhidos. Certifique-se de seguir padrões reconhecidos internacionalmente e utilizar métodos de análise adequados. Defina indicadores que serão usados para avaliar a saúde e a qualidade dos recursos hídricos. Estabeleça metas claras para esses indicadores, que possam servir como referência para avaliar o desempenho do monitoramento ao longo do tempo.

Coloque em prática o plano de monitoramento, coletando amostras, realizando análises e registrando os resultados de forma sistemática. Realize a análise dos dados coletados para identificar tendências, padrões e possíveis problemas nos recursos hídricos monitorados. Interprete os resultados à luz dos objetivos estabelecidos e das metas definidas. Com base nos resultados do monitoramento, faça planos de ação para manutenção dos parâmetros ou correção de resultados negativos, de modo a controlar ou mitigar os possíveis impactos da atividade portuária sobre os recursos hídricos.

a) Procedimentos para Coleta de Dados

A realização de coletas de amostras de água deve ser realizada nas periodicidades e locais definidos no plano de monitoramento, levando em consideração os parâmetros da Resolução CONAMA n°357/2005. As coletas de águas marinhas devem ser realizadas com uso de embarcação, seguindo os pontos da malha amostral, ressaltando-se o registro das condições climáticas e as observações de campo no momento da coleta.

As amostras de água devem ser coletadas em pontos localizados na superfície e no fundo da coluna d'água, quando possível, com o auxílio de uma garrafa Van Dorn. A coleta de água deve obedecer aos locais definidos para amostragem, sendo que a água superficial deve ser coletada antes da amostra em profundidade.

Preferencialmente, devem ser coletadas duas amostras de um mesmo ponto (duplicata de campo). Estas são usadas para medir a precisão e repetitividade dos procedimentos de coleta, através da comparação dos resultados da análise das duas amostras.

É necessário observar a composição dos materiais utilizados para o trabalho. O recipiente utilizado para coleta de amostras na superfície de corpos d'água, por exemplo, deve ser preferencialmente confeccionado em aço inox AISI 316L polido, para evitar incrustações nas costuras de solda, e apresentar volume adequado para a finalidade da amostragem (Guia Nacional de Coleta e Preservação de Amostras, ANA 2011).

Alguns parâmetros podem ser medidos in situ, ou seja, no próprio local da coleta, como condutividade, oxigênio dissolvido, pH, potencial redox, salinidade, sólidos dissolvidos totais, temperatura (ar e água) e turbidez. Esses parâmetros devem ser medidos com o uso de sonda paramétrica devidamente calibrada em laboratório acreditado, de forma a assegurar a aferição dos mesmos e garantir a precisão e exatidão dos resultados.

O acondicionamento das amostras também é crucial para a garantia do resultado das análises. É importante acondicionar a amostra em caixa de transporte isotérmica refrigerada, com gelo reciclável. Na ausência de gelo reciclável, pode-se utilizar gelo comum, desde que colocado dentro de sacos plásticos fechados para evitar possíveis vazamentos e contaminações das amostras.

Os equipamentos e métodos a serem utilizados para a amostragem, além da determinação dos valores dos parâmetros determinados em campo, devem estar detalhados e pautados em bibliografia de referência sobre a temática. Os procedimentos de coleta, acondicionamento e preservação de amostras devem obedecer à norma ABNT NBR 9898 ou os preconizados pelo Standard Methods for the Examination of Water and Wastewater - SMEWW (publicado pela American Water Works Association, American Public Health Association & Water Environmental Federation) - 21ª edição – set/2005.

b) Procedimento de Análise Laboratorial

As amostras coletadas são levadas para análise em laboratório, onde são realizados testes específicos para determinar a concentração de contaminantes e a qualidade geral da água. Vale ressaltar que o tempo máximo entre a coleta e a análise dos parâmetros requeridos deve obedecer aos prazos estabelecidos na ABNT NBR 9898, uma vez que esta norma orienta o tempo hábil para que as condições da amostra possam indicar resultados confiáveis. Os itinerários devem ser racionais, observando-se o acesso, o tempo para coleta, preservação da amostra e o prazo para envio destas ao laboratório, obedecendo-se o prazo de validade para o ensaio de cada parâmetro e a capacidade analítica do laboratório.

As determinações analíticas devem ser realizadas conforme métodos preconizados pelo Standard Methods for the Examination of Water and Wastewater - SMEWW (publicado pela American Water Works Association, American Public Health Association & Water Environmental Federation) - 21ª edição – set/2005, pela Environmental Protection Agency (EPA) e pela ABNT NBR 10007:2004. Os métodos analíticos escolhidos e os valores de incerteza da medição, por faixa do valor medido, bem como os limites de quantificação, devem ser informados nas planilhas dos relatórios.

c) Procedimento para Integração de Dados

Os dados coletados são integrados e analisados em conjunto para identificar tendências, padrões sazonais e possíveis impactos das atividades portuárias na qualidade da água. Os parâmetros de qualidade de água devem ser descritos, indicando o valor de referência, o valor mensurado em campo e a relação de conformidade ou não com o padrão estabelecido. O relatório deve ainda realizar a comparação dos resultados com a legislação específica.

Deve ser criado um banco de dados com informações padronizadas e georreferenciadas referentes à qualidade da água dos pontos monitorados. Com base nos resultados do monitoramento, são desenvolvidos planos de ação para implementação de medidas corretivas que possam mitigar impactos negativos na qualidade da água. O monitoramento é realizado de forma contínua para acompanhar a eficácia das medidas implementadas e fazer ajustes conforme necessário para garantir a proteção dos recursos hídricos da região portuária.

5.5.2 Monitoramento de sedimentos

O monitoramento de sedimentos na região portuária é essencial para avaliar os possíveis impactos das atividades portuárias na qualidade da água e no ecossistema aquático. Os resultados do estudo fornecem um conhecimento inicial sobre a dinâmica dos sedimentos movimentados por conta das atividades das operações portuárias. O objetivo é monitorar a qualidade dos sedimentos do porto e pontos da área amostral selecionada. Os parâmetros a serem monitorados devem obedecer à Legislação Ambiental vigente, tendo como referência a Resolução CONAMA Nº 454/2012 ou outro dispositivo legal que venha a substituí-la.

Os pontos indicados na malha amostral escolhida para o monitoramento do corpo hídrico são coincidentes com os pontos de monitoramento de sedimentos. A coleta de sedimentos da camada superficial do fundo é realizada com uso de dragas ou busca-fundo de aço inoxidável. Para cada ponto de coleta, são obtidas subamostras para formação de amostras compostas, desde que a variável em questão permita sua composição. As amostras compostas representam o valor médio dessa composição, sendo uma opção mais adequada do que a tomada de uma só amostra por ponto (Guia Nacional de Coleta e Preservação de Amostra, ANA 2011).

Para cada ponto amostral, devem ser produzidas réplicas para caracterização física e química do sedimento, uma destinada às análises granulométricas, nutrientes, carbonato, determinação dos metais, hidrocarbonetos e pesticidas, e a outra reservada para eventuais ensaios confirmativos. Os equipamentos e métodos a serem utilizados para a amostragem, além da determinação dos valores dos parâmetros determinados em campo, devem estar detalhados e pautados em bibliografia de referência sobre a temática.

Após as coletas, as amostras devem ser acondicionadas em caixas isotérmicas contendo gelo reciclável até seu transporte ao laboratório de análise. Para a conservação, recomenda-se utilizar os prazos e parâmetros determinados pela CETESB (2011). As análises ecotoxicológicas são realizadas para os resultados onde as concentrações dos contaminantes ultrapassam o limiar estabelecido para o nível 1 nos sedimentos, seguindo as determinações da Resolução CONAMA n°454/2012.

A análise ecotoxicológica avalia os efeitos que substâncias químicas podem ter sobre os organismos vivos e os ecossistemas. Envolve a investigação dos efeitos adversos de produtos químicos no meio ambiente, incluindo a medição da toxicidade aguda, toxicidade crônica e bioacumulação. A ecotoxicologia desempenha um papel importante na gestão ambiental e na proteção da saúde humana e dos ecossistemas.

Os resultados das análises químicas devem ser comparados com os valores orientadores estabelecidos pela Resolução CONAMA 454/12 (BRASIL, 2012), que "Estabelece as diretrizes gerais e os procedimentos mínimos para a avaliação do material a ser dragado em águas jurisdicionais brasileiras (Nível 1 e 2)" e outras legislações e normatizações pertinentes. Com base nos resultados observados, é necessário estabelecer medidas eficazes de controle ambiental, visando à minimização dos impactos decorrentes das atividades sobre a qualidade dos sedimentos.

5.5.3 Monitoramento de Biota Aquática

As comunidades biológicas de ecossistemas aquáticos são formadas por organismos que apresentam adaptações evolutivas a determinadas condições ambientais e apresentam limites de tolerância a diferentes alterações das mesmas. Desta forma, o monitoramento biológico constitui-se como uma ferramenta na avaliação das respostas destas comunidades biológicas a modificações nas condições ambientais originais (Goulart & Callisto, 2003).

Antes de iniciar a execução das atividades de campo para este monitoramento, é necessário obter junto ao órgão ambiental competente a autorização de manejo de fauna ou similar. O porto deve cumprir as leis estabelecidas pelo órgão ambiental responsável, seja a nível estadual ou federal.

O monitoramento de biota aquática pode incluir:

- Fitoplâncton
- Zooplâncton
- Ictioplâncton
- Ictiofauna
- Macrofauna Bentônica
- Espécies Exóticas/Invasoras

Os parâmetros avaliados no monitoramento da qualidade de água são fundamentais para as análises do monitoramento da biota aquática. Dessa forma, propõe-se utilizar os mesmos pontos de análise do monitoramento de qualidade de água e de sedimentos marinhos. Devem ser determinados parâmetros como Riqueza, Diversidade, Equitabilidade, Abundância, Biometria (Ictiofauna) e Biocritério M-AMBI (bentos). Propõe-se ainda que sejam feitas amostragens para Ictioplâncton, Zooplâncton, Fitoplâncton e Ictiofauna.

a) Monitoramento do Fitoplâncton

O fitoplâncton é o principal produtor primário dos oceanos, lagos e rios, fixando pela atividade fotossintética na zona eufótica a matéria orgânica inicial que permitirá o funcionamento da quase totalidade das teias alimentares. É constituído de microalgas unicelulares, filamentosas e coloniais. A composição, distribuição e produção da comunidade fitoplanctônica são de grande importância para os ecossistemas, e mudanças nestes atributos podem ocasionar profundas modificações em todos os níveis tróficos (Gama et al., 2011).

Importante realizar a avaliação do fitoplâncton através da identificação taxonômica das espécies, mensuração das possíveis alterações na sua composição e os efeitos advindos das atividades portuárias. A metodologia de amostragem da comunidade fitoplanctônica utilizada na região portuária pode ser realizada através de arrastos horizontais superficiais com rede de plâncton cônica, com 20µm de malha e 0,30cm de diâmetro de boca, em cada ponto de amostragem, por 5 minutos. O conteúdo retido na rede deve ser armazenado em frascos de aproximadamente 500mL, e fixados com o material preservante (formol a 4% ou lugol). O material deve possibilitar análise qualitativa e quantitativa.

No laboratório, a análise qualitativa das amostras é realizada com auxílio de microscópio binocular e a quantitativa por meio de um microscópio invertido Zeiss através do método de sedimentação com Câmaras de Utermöhl (1958), vol. 10mL - APLHA (1998). A identificação dos organismos deve ser até a melhor resolução taxonômica possível, de preferência a nível de espécie.

Parâmetros in situ da qualidade da água são mensurados simultaneamente à amostragem das comunidades bióticas, com o auxílio de uma sonda multiparâmetro, devendo ser realizada a medição de transparência da coluna d'água. Avaliam-se as variáveis ambientais correlacionando com os resultados encontrados.

Como resultado, apresenta-se a lista de espécies identificadas na análise qualitativa, em descrição detalhada contendo a classificação taxonômica dos indivíduos listados e, ainda, todas as espécies classificadas (nome vulgar e científico) e origem da espécie (exótica ou nativa), com evidência fotográfica dos indivíduos mais representativos.

Os principais dados a serem analisados no monitoramento de Fitoplâncton são:

- Composição Florística do Microfitoplâncton
- Distribuição Ecológica
- Abundância Relativa
- Frequência de Ocorrência
- Riqueza de Espécies Clorofila e
- Densidade Fitoplanctônica e Índices Ecológicos

Com base nesses dados, torna-se viável analisar a qualidade ambiental e os aspectos ecológicos da comunidade fitoplanctônica na região portuária.

b) Monitoramento de Zooplâncton

Nos ecossistemas aquáticos continentais, o zooplâncton está representado principalmente por organismos microscópicos como copépodes, larvas de poliquetas, larvas de decápodes, quetognatos, larvas de bivalves, larvas de gastrópodes, rotíferos, foraminíferos e tintinnideos. O estudo do zooplâncton pode ajudar no monitoramento dos efeitos poluidores de despejos domésticos e industriais, pois esses organismos possuem grande sensibilidade ambiental e respondem a diversos tipos de impactos, tanto pela alteração na sua quantidade como na composição e diversidade da comunidade (ADEMA, 1979; MARTINS et al., 2006).

Avaliar o efeito das atividades portuárias na comunidade zooplanctônica presente nas águas costeiras e regiões próximas ao porto é importante, através da busca de possíveis mudanças na composição, abundância, riqueza e nos índices de diversidade dessas comunidades, a fim de monitorar os impactos e ocorrências de contaminações.

A coleta do zooplâncton para amostragem qualitativa pode ser realizada por meio de arrastos horizontais superficiais na lâmina d'água com velocidade de 2 nós e 5 minutos de duração, utilizando-se uma embarcação mantendo a rede de malha de 60µm de abertura dentro da zona fótica, em cada estação amostral. O volume de água do mar filtrado será estimado através de fluxômetros instalados na rede. Em cada ponto de coleta, deve ser retirada uma amostra.

Os organismos retidos pela rede podem ser acondicionados em frascos de 500 ml de capacidade e fixados com material preservante (solução de formaldeído tamponado, com concentração final de 4%) para posterior análise em laboratório. As amostras devem ser analisadas em microscópio estereoscópio, resultando na retirada de alíquotas estatisticamente significativas da amostra total. A partir desses dados, os organismos zooplanctônicos presentes nas amostras devem ser quantificados e classificados ao menor nível taxonômico possível.

Para auxiliar na interpretação dos resultados obtidos, os trabalhos de campo devem contemplar medições in situ de variáveis abióticas. Os principais dados a serem analisados no monitoramento de Zooplâncton são:

- Composição Qualitativa
- Diversidade e Abundância
- Variação da Densidade
- Frequência de Ocorrência
- Variação dos Índices Bióticos
- Análise de Componentes Principais

Concluídas as análises dos dados de cada campanha, os resultados devem ser comparados com as campanhas anteriormente executadas. Este tipo de análise da série histórica objetiva avaliar linhas de tendência no comportamento ecológico, que possam ser explicadas pela sazonalidade, por fenômenos naturais ou por interferências antrópicas.

Os resultados analíticos devem ser acompanhados de sua interpretação ambiental. Em caso de desconformidade com a legislação ou com os padrões desejáveis de qualidade ambiental, devem ser apontadas possíveis fontes do contaminante e possíveis controles para que se reduza o aporte no meio, observada sua relação com a atividade portuária.

c) Monitoramento de Ictioplâncton

O ictioplâncton compreende os estágios iniciais da vida dos peixes e constitui um componente de grande importância dentro das comunidades planctônicas. Durante seu desenvolvimento, larvas e juvenis de peixes utilizam uma grande variedade de habitats, desde a plataforma continental (área de desova da maioria das espécies marinhas), até lagoas costeiras, baías, estuários, incluindo a interface com a água doce (HOSS; THAYER, 1993). O estudo desta comunidade específica possibilita o conhecimento de áreas de desova e desenvolvimento inicial das espécies de peixes (SOARES, 2015).

A coleta do ictioplâncton pode ser realizada por meio de arrastos horizontais superficiais com velocidade de 2 nós e duração de 5 minutos, mantendo a rede com malha de 300 μm e abertura de boca de 60 cm de diâmetro, em cada estação amostral. O volume de água do mar filtrado será estimado através de fluxômetros instalados na rede.

As amostras devem ser analisadas em microscópio estereoscópio, resultando na retirada de alíquotas estatisticamente significativas da amostra total. A partir desses dados, os organismos ictioplanctônicos presentes nas amostras devem ser quantificados e classificados ao menor nível taxonômico possível.

Para auxiliar na interpretação dos resultados obtidos, os trabalhos de campo devem contemplar medições in situ de variáveis abióticas. Os principais dados a serem analisados no monitoramento de Ictioplâncton são:

- Composição
- Densidade
- Abundância Relativa
- Índices Ecológicos

Os resultados analíticos devem ser acompanhados de sua interpretação ambiental. Em caso de desconformidade com a legislação ou com os padrões desejáveis de qualidade ambiental, devem ser apontadas possíveis fontes do contaminante e possíveis controles para que se reduza o aporte no meio, observada sua relação com a atividade portuária.

d) Monitoramento de Ictiofauna

A coleta de ictiofauna pode ser realizada por diferentes petrechos de pesca, a fim de inventariar da melhor maneira possível os recursos pelágicos e demersais existentes. A fase de campo pode ser realizada obtendo-se amostras provenientes de redes de espera e operações com redes de arrasto.

Pode-se utilizar a metodologia de amostragem com uso de rede de tapagem com malha de 40 mm entre nós opostos e redes de emalhar à deriva com malhas variando de 50 a 100 mm entre nós adjacentes com 500 a 800 metros de extensão. As coletas podem corresponder a um esforço de pesca de 6 horas, compreendendo todo ciclo de maré vazante. A identificação deve ser feita em laboratório, e a biometria pode ser realizada na embarcação no momento da coleta.

O procedimento laboratorial constitui-se na identificação do material coletado com o auxílio de chaves de classificação taxonômica. Para todos os exemplares coletados, serão medidos o comprimento total, a massa e o estágio de vida (juvenil, adulto, fase reprodutiva etc.) e parâmetros ambientais.

Os principais dados a serem analisados no monitoramento de Ictiofauna são:

- Composição Ictiofaunística
- Densidade
- Abundância Relativa
- Frequência Relativa
- Biomassa por Espécie e Pontos de Coleta
- Riqueza e Diversidade Específica

É de suma importância a continuidade das atividades de monitoramento de ictiofauna, pois permite a investigação dos padrões sazonais e espaciais da ictiofauna da área de influência do porto, permitindo a detecção de possíveis alterações que venham a ocorrer em função de potenciais ações impactantes.

e) Monitoramento de Macrofauna Bentônica

A macrofauna bentônica é definida como os organismos que são retidos em peneiras com diâmetro de malha de 0,5 mm e que possuem pelo menos uma fase do seu ciclo de vida associada ao substrato (HOLME; MCINTYRE, 1984). Os principais representantes da macrofauna bentônica são poliquetas, moluscos e crustáceos (GRAY; ELLIOT, 2009). Os organismos bentônicos possuem grande importância ecológica para o ambiente, auxiliando na estabilidade dos sedimentos, ciclagem de matéria orgânica e servindo de alimento para outros organismos (THRUSH; DAYTON, 2002; SOUSA, 2018).

Os organismos macrobênticos apresentam características essenciais que os tornam excelentes indicadores biológicos, como pouca mobilidade, alta sensibilidade e resposta rápida às flutuações das variáveis físico-químicas do meio, respondendo a diferentes condições ambientais. Portanto, analisar as comunidades macrobênticas é de grande importância para estudos de monitoramento ambiental, pois através delas é possível detectar distúrbios antropogênicos ou naturais.

Para uma boa caracterização da comunidade biológica (bentos marinho), deve-se trabalhar com replicações, cujo número deve ser estabelecido por ocasião de amostragens preliminares (Guia Nacional de Coleta e Preservação de Amostras. CETESB - ANA 2011). Portanto, o número de amostras da macrofauna bentônica pode aumentar em cada ponto.

É importante que se considere cada local de amostragem não como um ponto, mas como uma área, e que as réplicas sejam obtidas nessa área e não exatamente no mesmo local, para que a variabilidade natural seja explorada. Esse aspecto é de fundamental importância para minimizar conclusões equivocadas sobre o ambiente.

No monitoramento de macrobentos, sugere-se que as amostras sejam obtidas através de dois lançamentos da draga ou busca-fundo, formando uma amostra composta para bentos marinhos. As amostras devem ser acondicionadas, fixadas e colocadas em caixas para transporte até o laboratório.

Os principais dados a serem analisados neste monitoramento são:

- Composição Qualitativa
- Diversidade e Abundância
- Variação da Densidade
- Variação dos Índices Bióticos

Os resultados analíticos devem ser acompanhados de sua interpretação ambiental. Em caso de desconformidade com a legislação ou com os padrões desejáveis de qualidade ambiental, devem ser apontadas possíveis fontes do contaminante e possíveis controles para que se reduza o aporte no meio, observada sua relação com a atividade portuária.

f) Monitoramento de Espécies Exóticas/Invasoras

O monitoramento das espécies exóticas tem por objetivo monitorar a ocorrência de espécies exóticas/invasoras na área do porto, por meio da elaboração de um banco de dados abrangendo a avaliação de estudos pretéritos e a realização de coletas periódicas desenvolvidas de forma integrada aos programas de monitoramento ambiental. Focado na detecção de espécies exóticas/invasoras, incrustantes, oriundas ou não do alijamento de água de lastro, avaliação de riscos associados à invasão biológica, apoio técnico em ações de conscientização ambiental acerca do tema e a proposição de medidas mitigadoras e preventivas, se for o caso.

Em todos os monitoramentos de biota aquática, serão procuradas espécies exóticas/invasoras. Quando forem encontradas, devem ser descritas no relatório do monitoramento ambiental, discriminando os táxons encontrados e as consequências da sua existência ao meio ambiente local. A malha amostral do monitoramento de espécies exóticas/invasoras é mais ampla, abrangendo além dos pontos da malha amostral escolhida, pontos baseados em diferentes habitats e substratos portuários, incluindo a coluna d'água e sedimentos, bem como substratos duros, como defensas, estrutura dos berços, boias de navegação, manguezal etc.

A escolha do dispositivo de amostragem dependerá dos tipos de organismos a serem amostrados, bem como dos habitats/substratos em que vivem. Caso sejam encontradas espécies exóticas/invasoras, deve-se realizar a completa identificação da espécie, devendo documentar:

- A história e a ecologia da invasão (origens, rotas e períodos);
- As características biológicas da espécie exótica invasora (importante detalhar todas as informações biológicas das espécies identificadas);
- Os impactos no ecossistema, nas espécies e no nível genético, também, os impactos sociais e econômicos e como se modificam ao longo do tempo;
- Avaliação do potencial de invasão das espécies exóticas/invasoras encontradas;
- Espécies introduzidas no país no passado e que não aparentam ser problemáticas no presente precisam ter seu potencial de invasão avaliado, já que seu caráter invasor pode manifestar-se no futuro em função de seus processos adaptativos e/ou mudanças no ambiente, incluindo as mudanças climáticas em curso;
- Indicar as medidas para mitigar o problema da introdução de espécies exóticas no porto;
- Mapear na área do monitoramento os locais: conhecidos por infestações ou presença de agentes patogênicos; onde ocorrem lançamentos de esgoto; sujeitos a operações de dragagem regulares; com fluxo de maré reduzido; onde organismos planctônicos costumam aflorar;

- Elaborar/atualizar listagem prioritária de espécies aquáticas indesejáveis encontradas com maior potencial de dano e suas origens.

Os parâmetros básicos de qualidade da água, como faixas de temperatura, perfis de salinidade e níveis de saturação de oxigênio, devem ser obtidos pela equipe de campo em cada local, importante para determinação da comunidade aquática presentes nos habitats em questão.

Devem ser colhidas amostras suficientes em cada local, de dentro ou sobre os substratos selecionados, para representar as comunidades envolvidas. O número de amostras replicadas (que podem ou não ser compostas) tomadas de cada substrato deve ser suficiente para representar as comunidades envolvidas. Em regra, um mínimo de 3-5 repetições distribuídas aleatoriamente fornecerá uma imagem mais confiável da estrutura da comunidade do que uma única amostra.

Observações da equipe de coleta, quanto à abundância e distribuição de espécies, grupos de espécies e comunidades, devem ser registradas continuamente durante a amostragem. Esses registros ajudarão a descrever a natureza, extensão e biodiversidade das comunidades dentro da área da pesquisa.

Para evitar a decomposição de espécimes, é imperativo que as amostras sejam preservadas o mais rápido possível, de preferência no mesmo dia da coleta. Importante que as amostras sejam mantidas em gelo até serem ordenadas e preservadas.

Ademais, o monitoramento ambiental do porto é a forma pela qual a empresa se mobiliza interna e externamente na qualidade ambiental desejada de forma permanente. É a estratégia indicada para que a empresa, em processo contínuo, identifique oportunidades de melhorias que reduzam os impactos das atividades portuárias sobre o meio ambiente.

6. Gestão de resíduos

Valeria Sanches

As demandas ambientais sobre o sistema portuário são diversas, devido aos passivos herdados (ambientais, culturais, estruturais) e aos ativos continuamente criados. Ambos os casos geram inconformidades que devem ser enfrentadas para alcançar conformidade, garantindo o pleno funcionamento dos portos sem prejuízos econômicos e socioambientais (KITZMANN et al., 2006, p. 1046).

Uma das preocupações ambientais na área portuária são os resíduos sólidos gerados tanto pela operação dos navios (equipamentos, maquinários, rejeitos e sobras da operação em terra) quanto pelas atividades de bordo. A ausência de controle sobre a correta destinação de resíduos de bordo pode causar impactos ao meio ambiente e à saúde pública, devido à possibilidade de disseminação de patógenos e contaminantes de diversas regiões do mundo. Além disso, a ausência de tratamento adequado de efluentes pode resultar na poluição da água, contaminação do solo e proliferação de vetores. Diante dessa situação, espera-se que a administração portuária encontre soluções viáveis e adequadas à legislação para diminuir os riscos causados por sua atividade.

O saneamento básico, conforme a legislação brasileira (Lei nº 11.445/07), envolve serviços públicos, infraestruturas e instalações operacionais de abastecimento de água potável, esgotamento sanitário, manejo de resíduos sólidos, drenagem e manejo das águas pluviais. A autoridade portuária deve fiscalizar ou executar obras de construção, reforma, ampliação, melhoramento e conservação das instalações portuárias (Lei nº 12.815/13, art. 17, V), incluindo a prestação de serviços de saneamento básico. O ponto de convergência dessas ações com a gestão ambiental é o controle de possíveis aspectos e impactos ambientais que a ausência de sua implementação pode trazer para as operações. A ausência de esgotamento sanitário pode causar poluição hídrica, assim como um sistema de drenagem sem o tratamento devido para eliminar ou reduzir o carreamento de possíveis materiais e cargas.

Uma vez que a proposta deste manual é apresentar conceitos iniciais de gestão ambiental portuária, iremos concentrar este capítulo no pilar de maior atenção para as operações portuárias: a gestão de resíduos sólidos.

6.1. A importância da gestão de resíduos sólidos em áreas portuárias

A gestão de resíduos sólidos portuários é crucial para garantir a sustentabilidade e a segurança ambiental das operações portuárias. Os portos são centros vitais de comércio e transporte, mas também geram uma quantidade significativa de resíduos sólidos devido às atividades de carga, descarga, armazenamento e manutenção de embarcações e mercadorias. Esses resíduos podem variar desde embalagens e materiais descartados até resíduos perigosos, como óleos, trapos, produtos químicos e resíduos de carga. A gestão adequada dos resíduos sólidos portuários protege os ecossistemas costeiros e marinhos, previne a contaminação do ar, da água e do solo, e promove a saúde pública. O descarte inadequado desses resíduos pode resultar em poluição ambiental, danos à vida marinha, riscos à saúde humana e prejuízos econômicos para as comunidades locais.

Uma gestão eficaz dos resíduos sólidos portuários envolve práticas de redução, reutilização, reciclagem e disposição final segura dos resíduos. Isso requer colaboração entre autoridades portuárias, operadores portuários, empresas de transporte marítimo, agências reguladoras e comunidades locais. Políticas e regulamentações robustas são fundamentais para garantir a conformidade e a responsabilidade ambiental das partes envolvidas. A implementação de programas de educação ambiental e conscientização também é importante na gestão de resíduos sólidos portuários, promovendo uma mudança de comportamento e cultivando uma cultura de responsabilidade ambiental entre os stakeholders portuários.

A classificação dos resíduos é essencial para determinar a correta destinação, pois suas características e especificidades demandam diferentes tipos de acondicionamento, tratamento e destinação final. Após a determinação da classe do resíduo, são estabelecidos os métodos mais apropriados de acondicionamento, tratamento e destinação final para cada classe (ALENCAR, 2012).

- **Resíduos Classe I -** Perigosos: Apresentam riscos à saúde pública e ao meio ambiente, tais como inflamabilidade, corrosividade, reatividade, toxicidade e patogenicidade. Exemplos incluem óleos usados, solventes, baterias, resíduos de produtos químicos e efluentes industriais. Esses resíduos exigem tratamento especial e destinação final adequada para evitar contaminação.
- **Resíduos Classe II -** Não Inertes: Não são perigosos e não se enquadram como inertes, podendo apresentar características de combustibilidade, biodegradabilidade ou solubilidade. Exemplos incluem restos de alimentos, papel, madeira, resíduos de jardinagem e outros materiais orgânicos. Esses resíduos podem ser reciclados, compostados ou destinados a aterros sanitários.
- **Resíduos Classe III -** Inertes: Não apresentam periculosidade ou características que possam causar poluição ambiental. Exemplos incluem entulho de construção, vidro, cerâmica e alguns tipos de plásticos. Esses resíduos podem ser reutilizados ou reciclados, ou destinados a aterros de resíduos inertes.

Os resíduos sólidos devem ser coletados e acondicionados de forma adequada, respeitando as especificidades de cada classe. É importante utilizar recipientes apropriados e identificados, além de seguir normas de segurança para evitar acidentes e contaminações. O transporte dos resíduos deve ser realizado por veículos licenciados e com equipamentos adequados para evitar derramamentos e contaminações durante o trajeto. Devem ser seguidas as regulamentações vigentes para garantir a segurança e a conformidade ambiental.

O tratamento dos resíduos varia conforme a classe e as características específicas. Pode incluir processos de reciclagem, compostagem, incineração, tratamento físico-químico ou biológico, entre outros. O objetivo é reduzir a periculosidade e o volume dos resíduos, facilitando sua disposição final. A disposição final dos resíduos deve ser realizada em locais licenciados e apropriados, como aterros sanitários, aterros de resíduos perigosos, incineradores ou unidades de compostagem. É fundamental garantir que a disposição final atenda às normas ambientais e de segurança, evitando impactos negativos ao meio ambiente e à saúde pública.

A gestão de resíduos sólidos em áreas portuárias é uma tarefa complexa que exige a colaboração de diversos atores e o cumprimento de rigorosas normas ambientais. A classificação adequada dos resíduos, aliada a práticas de redução, reutilização, reciclagem e disposição final segura, são essenciais para garantir a sustentabilidade e a segurança das operações portuárias. A educação ambiental e a conscientização dos stakeholders são fundamentais para promover uma cultura de responsabilidade ambiental e contribuir para a preservação dos ecossistemas costeiros e marinhos.

6.2 Classificação de resíduos

A classificação dos resíduos é crucial para garantir sua correta destinação, pois, devido às suas características e especificidades, os resíduos requerem tipos distintos de acondicionamento, tratamento e destinação final. Após determinar a classe do resíduo, estabelecem-se os tipos de acondicionamento, tratamento e destinação final mais adequados para cada classe (ALENCAR, 2012).

Tecnicamente, resíduo sólido é definido pela NBR 10.004/2004 como:

> resíduos no estado sólido e semissólido resultante de atividades da comunidade de origem industrial, doméstica, hospitalar, comercial, agrícola, de serviços e de varrição. Ficam incluídos nesta definição lodos provenientes dos sistemas de tratamento de água, aqueles gerados em equipamentos e instalações de controle de poluição, bem como determinados líquidos cujas particularidades tornem inviável seu lançamento na rede pública de esgotos ou corpos d'água, ou exijam para isto soluções técnicas e economicamente viáveis em face da melhor tecnologia disponível. (ASSOCIAÇÃO BRASILEIRA DE NORMAS TÉCNICAS-ABNT, 2004)

Na área portuária, os resíduos gerados devem ser caracterizados de acordo com sua natureza, composição, periculosidade e volume, a fim de determinar os métodos adequados de coleta, armazenamento, transporte, tratamento e disposição final.

Para efeitos da NBR 10.004/2004, os resíduos são classificados em:

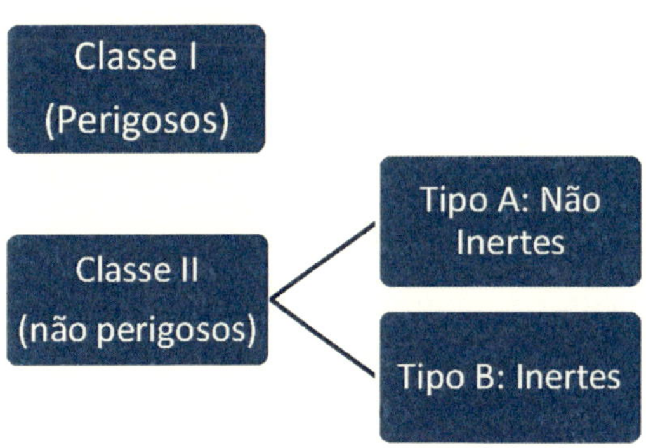

Figura 4 - Classes de Resíduos

a) Resíduos Classe I (perigosos)

Resíduos classe I, conforme a classificação da Associação Brasileira de Normas Técnicas (ABNT), referem-se aos resíduos perigosos. Apresentam características como inflamabilidade, corrosividade, reatividade, toxicidade e patogenicidade. Esses resíduos podem representar riscos significativos para a saúde humana e para o meio ambiente se manuseados, armazenados ou descartados de maneira inadequada. Exemplos incluem substâncias químicas tóxicas, produtos químicos agressivos, materiais contaminados com agentes biológicos patogênicos e resíduos radioativos. Esses materiais exigem tratamento e disposição final especializados para minimizar os riscos associados à sua manipulação e descarte. A gestão de resíduos classe I requer medidas rigorosas de controle, transporte, armazenamento, tratamento e destinação final, com o objetivo de proteger a saúde pública e o meio ambiente. A legislação ambiental estabelece diretrizes específicas para o manejo adequado desses resíduos, visando garantir a segurança e a proteção ambiental em todas as etapas do processo de gerenciamento.

b) Resíduos Classe II (não perigosos)

Resíduos classe II, segundo a classificação da Associação Brasileira de Normas Técnicas (ABNT), referem-se aos resíduos não perigosos. São materiais que não apresentam características de periculosidade em níveis que representem riscos significativos para a saúde humana ou para o meio ambiente. Esses resíduos englobam uma ampla variedade de materiais, como resíduos orgânicos, plásticos, papel, papelão, vidro e metais. Geralmente, são gerados em atividades cotidianas, como produção industrial, comércio, serviços e residências. Embora não sejam considerados perigosos, ainda requerem gestão adequada para evitar impactos negativos ao meio ambiente e à saúde pública. Isso inclui práticas de coleta seletiva, triagem, reciclagem, compostagem e destinação final ambientalmente adequada, conforme legislações e normas ambientais vigentes.

Vantagens da Coleta Seletiva:

- Melhor qualidade dos materiais recuperados
- Preservação de recursos naturais, como a derrubada de árvores, através da reciclagem de papel e papelão
- Aumento do tempo de vida útil dos aterros (sanitários e controlados)
- Permite parcerias com cooperativas de catadores (permitindo ações de ESG)
- Prevenção e diminuição da poluição dos recursos hídricos
- Geração de empregos com o fomento da indústria de reciclagem

6.3.3 Acondicionamento

O acondicionamento de resíduos refere-se ao armazenamento dos resíduos sólidos em coletores apropriados. Esses recipientes devem proteger os resíduos, garantindo que na coleta e no armazenamento não ocorram acidentes ou risco de contaminação. Para isso, os recipientes precisam ser impermeáveis, evitando o derramamento ou exposição de líquidos.

Ressaltamos ainda a importância da atenção aos equipamentos de acondicionamento de resíduos quanto às etiquetas de identificação e aos locais de conservação. Lembramos que o gerador, o transportador e o destinador possuem responsabilidade compartilhada pelo resíduo gerado e, consequentemente, pelo modo de acondicionamento.

Os coletores utilizados para o armazenamento devem facilitar o manuseio do resíduo e evitar o derramamento em locais inapropriados. Existem diversos tipos de coletores utilizados. Conheça alguns indicados como eficazes:

a) Big bags

Pode ser conhecido como "contentor intermediário flexível" ou "FIBC". Big bags, como o próprio nome diz, são grandes sacos de polipropileno que armazenam resíduos sólidos ou pastosos a granel. O big bag é um recipiente grande e flexível, fabricado em tecido com alta resistência ao rompimento. Quando cheio de material, ele pode suportar de 500 até 3.000 quilos, conforme o projeto da embalagem. As alças são projetadas para facilitar a movimentação das bags pelos garfos de uma empilhadeira.

Geralmente podem ser descartáveis e realizarão um trabalho com eficiência e dentro do orçamento, além de terem a capacidade de transportar e armazenar esses materiais a um custo muito menor do que qualquer outra opção possível.

Em portos, o big bag pode ser utilizado, por exemplo, para as coletas a bordo das embarcações. Após acondicionado nos bags, o prestador de serviço utiliza um guindaste e cabos para a retirada do resíduo da embarcação até o veículo transportador.

Figura 6 - Big Bag

b) Coletores de plástico ou fibra de vidro

Os principais coletores utilizados na área operacional dos portos são os coletores de 100 a 500 litros. Estes coletores possuem a capacidade de armazenar grandes volumes e, geralmente, possuem

6.3.2 Segregação

A RDC 56/2008 da ANVISA define segregação como "separação de resíduos no local de sua geração, na área de armazenamento temporário ou na central de resíduos sólidos, de acordo com as características físicas, químicas, biológicas e com os riscos envolvidos". A segregação é a etapa primária que determinará a logística necessária para o gerenciamento dos resíduos. Essa fase se dá a partir da separação adequada dos resíduos de acordo com suas características químicas, físicas e biológicas. Há riscos de contaminação tanto para o meio ambiente quanto para a saúde humana quando não há segregação adequada.

No porto, a coleta seletiva é uma importante ferramenta adotada para facilitar a segregação dos resíduos gerados nas atividades portuárias. Basicamente, é realizada pelas cores nos coletores que indicam o tipo de resíduo a ser disposto. No Brasil, as cores são padronizadas conforme a Resolução CONAMA nº 275/2001, sendo assim definidas:

- Azul: papel e papelão
- Vermelho: plástico
- Verde: vidro
- Amarelo: metal
- Preto: madeira
- Laranja: resíduos perigosos
- Branco: resíduos de serviços de saúde
- Roxo: resíduos radioativos
- Marrom: resíduos orgânicos
- Cinza: resíduos em geral, não recicláveis

Figura 5 - Tabela de cores coleta seletiva

O trabalho de conscientização dos colaboradores sobre a coleta seletiva deve ser abrangente, enfatizando os objetivos e vantagens da prática. Também é essencial que os resultados obtidos no projeto sejam divulgados ao público interno e externo, para que todos possam acompanhar os resultados de seus esforços e sejam motivados a manter as práticas de coleta seletiva.

É importante ressaltar que a segregação não ocorre apenas na base da cadeia, com os colaboradores. Toda a gestão do resíduo, independente do volume gerado, deve estar baseada na correta segregação. Assim, é indispensável que a organização também disponha de caçambas ou grandes coletores, identificados pelo sistema de cores, para separar com eficiência grandes volumes de madeira, metal, vidro ou lâmpadas, por exemplo.

Além de facilitar a segregação de resíduos pelos colaboradores, o sistema de cores também é útil para os trabalhadores de coleta e reciclagem, tornando o processo de triagem e recolhimento dos materiais mais eficiente e seguro.

A gestão eficaz dos resíduos classe II é fundamental para promover a redução do volume de resíduos destinados a aterros sanitários, minimizar a exploração de recursos naturais e incentivar a economia circular. Além disso, contribui para a preservação dos ecossistemas e para a promoção da sustentabilidade ambiental e econômica.

c) Resíduos Classe II A (não inertes)

Resíduos não inertes são materiais que, devido às suas características, têm potencial de sofrer transformações físicas, químicas ou biológicas quando expostos a condições ambientais específicas, como temperatura, umidade, pressão e presença de microorganismos. Incluem uma ampla gama de materiais, como restos de alimentos, materiais orgânicos, plásticos, papel, papelão, metais, madeira tratada e resíduos de construção e demolição. Caracterizam-se por não serem inertes, ou seja, não permanecerem estáveis ou inalterados ao longo do tempo. A gestão desses resíduos envolve práticas que visam minimizar os impactos ambientais e os riscos à saúde pública, incluindo coleta seletiva, triagem, reciclagem, tratamento adequado e destinação final ambientalmente correta, conforme normas e regulamentações ambientais. É essencial adotar abordagens integradas e estratégias eficazes para lidar com esses materiais, promovendo a sustentabilidade ambiental e a preservação dos recursos naturais.

d) Resíduos Classe II B (inertes)

Resíduos inertes são materiais que, devido às suas características físicas, químicas ou biológicas, não sofrem alterações significativas em sua composição quando submetidos a condições ambientais normais. Não reagem de forma química ou biológica com o meio ambiente ao longo do tempo. Esses resíduos geralmente são constituídos por materiais inorgânicos, como terra, areia, pedra, tijolos, concreto, cerâmica e vidro. Devido à sua estabilidade, não apresentam riscos significativos para o meio ambiente ou para a saúde pública quando adequadamente manuseados e descartados. A gestão de resíduos inertes envolve práticas como coleta, transporte e disposição final em locais apropriados, como aterros de inertes ou áreas de reciclagem de materiais de construção e demolição. Embora esses materiais não apresentem riscos significativos, é importante realizar sua gestão de forma responsável para minimizar impactos negativos ao meio ambiente e à saúde humana. A reciclagem e reutilização de resíduos inertes podem contribuir para a redução da demanda por recursos naturais e para a minimização dos impactos ambientais associados à extração e produção de novos materiais.

6.3 Gerenciamento de Resíduos Portuário

6.3.1 Geração

A geração de resíduos refere-se ao processo pelo qual materiais indesejados são produzidos como resultado de diversas atividades humanas, incluindo processos industriais, comerciais, agrícolas, residenciais e de saúde. Durante esses processos, diversos materiais são descartados ou não utilizados, resultando na formação de resíduos. Reduzir a geração de resíduos sólidos envolve repensar a cadeia produtiva. Em geral, o que é descartado pode ser aproveitado de outras formas. Em situações onde não há a possibilidade de reaproveitar, podemos considerar outras maneiras sustentáveis de descarte.

Na área portuária, a geração de resíduos é um processo inevitável, devido às operações e obras que necessitam de insumos para suas atividades. Para reduzir a geração de resíduos, o porto deve conscientizar os colaboradores e estabelecer procedimentos operacionais que visem a redução e a não geração de determinados resíduos nas atividades portuárias. Os resíduos nessas áreas podem ser provenientes das embarcações, dos terminais, da área administrativa e das empresas arrendatárias e operações portuárias.

Durante o transporte, é essencial garantir a segurança dos trabalhadores, prevenir vazamentos ou derramamentos de resíduos e cumprir regulamentações específicas para o transporte de materiais perigosos, quando aplicável. Os veículos utilizados devem ser devidamente equipados e mantidos para evitar a contaminação do ambiente e proteger a saúde pública.

Atualmente, no Brasil, para executar o serviço de transporte de resíduo, as empresas precisam estar cadastradas no Sistema Nacional de Informações sobre a Gestão dos Resíduos Sólidos (Sinir), do Ministério do Meio Ambiente, para a devida emissão dos Manifestos de Transporte de Resíduo (MTR). É importante que as autoridades portuárias ou cessionários estabeleçam procedimentos próprios, com a obrigatoriedade de cadastro das empresas responsáveis por esses serviços, mediante comprovação de licenciamentos e outras autorizações necessárias.

Para controle e gerenciamento das informações, pode-se implantar um sistema interno para otimizar as liberações de saída e controle dos dados obtidos.

6.4 Armazenamento

O armazenamento de resíduos é uma etapa fundamental na gestão adequada desses materiais, visando garantir sua segurança, a prevenção de danos ao meio ambiente e a proteção da saúde pública. Envolve o armazenamento temporário dos resíduos em locais apropriados antes do seu transporte, tratamento ou disposição final.

Instalações de Armazenamento de Resíduos

Existem diferentes tipos de instalações de armazenamento de resíduos, variando de acordo com a natureza e o tipo de material a ser armazenado, como:

- Depósitos
- Armazéns

- Silos
- Tanques
- Bacias de contenção

A escolha do tipo de instalação de armazenamento depende das características dos resíduos, como estado físico (sólido, líquido ou gasoso), volume, periculosidade e requisitos de segurança.

Práticas e Diretrizes para Armazenamento

Durante o armazenamento, é importante seguir algumas práticas e diretrizes para garantir a segurança e minimizar os riscos associados:

- **Separação e segregação adequada dos resíduos:** Os resíduos devem ser separados e armazenados de acordo com sua natureza e características, evitando a mistura de materiais incompatíveis que possam gerar reações perigosas.
- **Identificação e rotulagem:** Os recipientes ou áreas de armazenamento devem ser claramente identificados e rotulados, indicando o tipo de resíduo, os riscos associados e as precauções de segurança necessárias.
- **Contenção de vazamentos e derramamentos:** Medidas de prevenção e contenção de vazamentos ou derramamentos devem ser implementadas para evitar a contaminação do solo, da água e do ar circundantes.
- **Controle de acesso:** O acesso às áreas de armazenamento deve ser restrito apenas a pessoal autorizado, minimizando o risco de exposição a materiais perigosos ou não autorizados.
- **Monitoramento e manutenção:** As instalações de armazenamento devem ser regularmente monitoradas e inspecionadas para identificar quaisquer problemas ou potenciais riscos e garantir que estejam em conformidade com as regulamentações ambientais e de segurança.

o manuseio por empilhadeiras ou paleteiras. São equipados com uma válvula de descarga na parte inferior para facilitar o escoamento dos resíduos.

Figura 10 - Bombonas

Já as bombonas são recipientes cilíndricos, geralmente feitos de plástico de alta densidade (HDPE) ou metal, com capacidade que varia de alguns litros a algumas centenas de litros. São utilizadas para armazenar e transportar líquidos ou materiais sólidos. As bombonas também podem ser equipadas com tampas rosqueáveis ou de encaixe para garantir o fechamento hermético e a segurança dos resíduos.

Ambos os recipientes são frequentemente utilizados para o acondicionamento de resíduos perigosos, como produtos químicos corrosivos, inflamáveis, tóxicos ou contaminados. Eles oferecem proteção contra vazamentos, derramamentos e contaminação ambiental, além de serem compatíveis com regulamentações específicas para o transporte de materiais perigosos.

No entanto, é importante ressaltar que o uso desses recipientes para o acondicionamento de resíduos perigosos deve seguir normas e regulamentos específicos, garantindo a conformidade com as exigências de segurança e proteção ambiental, o que inclui:

- a rotulagem adequada dos recipientes;
- o cumprimento das práticas de manuseio seguro;
- o descarte final responsável dos resíduos.

6.3.4 Coleta e transporte

A coleta interna e externa é a operação de transferência dos resíduos do local de geração (coletores) para o local de armazenamento temporário – normalmente em uma instalação provisória, com piso impermeabilizado, cobertura e canaletas de drenagem e sistema de contenção (quando se tratar de resíduos perigosos) – ou de destinação final. A coleta e transporte de resíduos desempenham um papel fundamental na gestão adequada dos resíduos, garantindo que sejam removidos dos locais de geração e transportados para locais de tratamento, reciclagem ou disposição final de forma segura e eficiente.

Coleta de Resíduos

A coleta de resíduos envolve a recolha dos materiais descartados, podendo ser realizada por:

- Serviços municipais de limpeza urbana
- Empresas privadas especializadas
- Organizações e cooperativas de catadores de resíduos

Durante a coleta, os resíduos são separados de acordo com sua natureza e tipo, facilitando o tratamento subsequente.

Transporte de Resíduos

O transporte de resíduos refere-se ao deslocamento dos materiais coletados dos pontos de geração até os locais de destino, como estações de transferência, instalações de tratamento, centros de reciclagem ou aterros sanitários. Esse transporte pode ser realizado por diferentes meios, incluindo:

- Caminhões coletores
- Veículos compactadores
- Contêineres roll-on/roll-off
- Trens
- Navios

tampas ou vedação que permitem resguardar os resíduos de interferência externa ou de vazamentos. Todos devem possuir identificação por sistema de cores para ajudar na segregação e coleta.

Já para os coletores de áreas administrativas podem ser utilizados coletores com divisões removíveis. Visando a redução na utilização de sacos plásticos.

Figura 7 - Coletores de resíduos

c) Caçambas estacionaria

Figura 8 - Caçamba Estacionária

As caçambas são muito utilizadas para armazenar os resíduos de lixo comum, entulho, metal, entre outros resíduos gerados nas atividades portuárias. A Caçamba tem a capacidade de armazenar $5m^3$ ou aproximadamente 5 toneladas.

Esses equipamentos dispõem de versões com ou sem vedação (tampas). No caso de inexistência de vedação própria, é possível realizar o enlonamento do equipamento. Relevante, entretanto, é garantir a vedação antes de qualquer transporte, a fim de evitar queda de material. Também é necessário mantê-lo abrigado e livre de interferências externas, para não haver contaminação do resíduo.

Este tipo de equipamento também deve ser identificado por meio do sistema de cores, a fim de permitir a correta segregação do resíduo que acondiciona.

d) Bombonas e Reservatório Container IBC

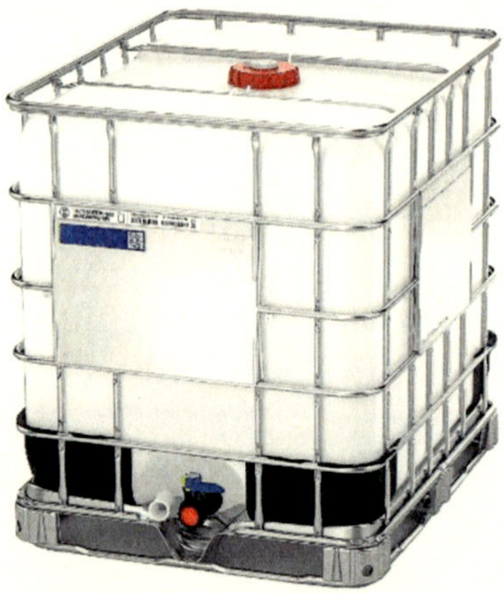

Figura 9 - Container IBC

Os containers IBC (Intermediate Bulk Containers) e as bombonas são recipientes amplamente utilizados para o acondicionamento e transporte de resíduos perigosos devido à sua durabilidade, segurança e capacidade de armazenamento.

Os containers IBC são grandes recipientes reutilizáveis feitos de plástico ou metal, geralmente com capacidade entre 500 e 1.500 litros. Eles são projetados para facilitar o transporte e a manipulação de grandes volumes de líquidos, pastosos ou sólidos a granel. Os IBCs possuem uma estrutura robusta, com uma estrutura de suporte metálica ou uma paleta de base para facilitar

O armazenamento adequado dos resíduos é uma fase essencial para a eficácia de todo o processo de gestão de resíduos.

6.5 Tratamento

A fase de tratamento de resíduos é crucial na gestão adequada desses materiais, visando minimizar os impactos negativos ao meio ambiente e à saúde pública, além de promover a recuperação de recursos e a redução do volume de resíduos enviados para disposição final.

Técnicas e Processos de Tratamento de Resíduos
Existem várias técnicas e processos de tratamento de resíduos, cada um adequado para diferentes tipos de materiais e objetivos específicos. Entre os métodos mais comuns estão:

- **Compostagem:** Processo biológico que transforma resíduos orgânicos em composto orgânico estável e rico em nutrientes, utilizado como fertilizante.
- **Reciclagem:** Coleta, separação e processamento de materiais recicláveis, como papel, plástico, vidro e metais, para produzir novos produtos.
- **Inceneração:** Método de tratamento térmico que queima resíduos a altas temperaturas, reduzindo o volume e a quantidade de materiais nocivos.
- **Pirólise:** Processo semelhante à incineração, mas ocorre em ausência de oxigênio, resultando na produção de gases combustíveis e produtos carbonizados.
- **Digestão anaeróbica:** Processo biológico que decompõe resíduos orgânicos na ausência de oxigênio, produzindo biogás e biofertilizantes.
- **Esterilização e desinfecção:** Técnicas utilizadas para tratar resíduos médicos e hospitalares, eliminando microrganismos patogênicos.

Além desses métodos, há também tecnologias emergentes e inovadoras sendo desenvolvidas para tratar resíduos de maneira mais eficiente e sustentável, como a recuperação de energia a partir de resíduos (Waste-to-Energy) e a biotecnologia para degradação de poluentes.

A fase de tratamento de resíduos desempenha um papel essencial na transição para uma economia circular, onde os resíduos são vistos como recursos valiosos que podem ser recuperados, reciclados e reintroduzidos na cadeia produtiva. Quando realizada de maneira eficaz e responsável, a fase de tratamento contribui para a proteção do meio ambiente, a promoção da saúde pública e o desenvolvimento sustentável.

Abaixo, aprofundamos os principais tipos de tratamento relacionados à gestão de resíduos portuários.

a) Incineração

A incineração é um processo de tratamento térmico de resíduos que envolve a queima controlada dos materiais a altas temperaturas em uma instalação conhecida como incinerador. Esse método é comumente utilizado para:

- Reduzir o volume de resíduos
- Destruir componentes orgânicos e patogênicos
- Recuperar energia térmica a partir da queima dos materiais

Processo de Incineração

Durante o processo de incineração, os resíduos são carregados em um forno, onde são submetidos a temperaturas extremamente elevadas, geralmente entre 800°C e 1.200°C. Sob essas condições:

- Os materiais orgânicos são oxidados e convertidos em cinzas, dióxido de carbono e água
- Os materiais inorgânicos são fundidos e transformados em escória

A energia térmica gerada pela queima dos resíduos pode ser aproveitada para produzir vapor, que, por sua vez, pode ser utilizado para gerar eletricidade por meio de turbinas a vapor. Esse processo é conhecido como cogeração ou recuperação de energia a partir de resíduos (Waste-to-Energy). Uma das principais vantagens da incineração é que ela ajuda a reduzir a dependência de combustíveis fósseis e contribui para a geração de energia renovável.

Vantagens da Incineração

- Redução significativa do volume de lixo
- Recuperação de energia térmica
- Destruição de materiais contaminantes, como patógenos, substâncias químicas perigosas e poluentes orgânicos persistentes

Desvantagens e Considerações

- Geração de emissões atmosféricas e resíduos sólidos (cinzas) que podem conter poluentes e metais pesados, requerendo sistemas de controle de poluição e medidas de gestão de resíduos adequadas
- Alto custo operacional

A incineração pode ser utilizada para o tratamento de resíduos que não podem ser encaminhados para aterro sanitário, como os resíduos orgânicos provenientes de embarcações de navegação de longo curso ou resíduos contaminados.

b) Compostagem

A compostagem é um processo biológico natural que transforma resíduos orgânicos, como restos de comida, grama e outros materiais vegetais, em composto orgânico rico em nutrientes. Esse composto, conhecido como adubo orgânico ou composto orgânico, é um excelente fertilizante que pode ser utilizado para melhorar a qualidade do solo e promover o crescimento saudável das plantas.

Processo de Compostagem
O processo de compostagem ocorre através da ação de microrganismos, como bactérias, fungos e organismos decompositores, que quebram os materiais orgânicos em compostos mais simples e estáveis. Esses microrganismos consomem os resíduos orgânicos como fonte de alimento, liberando dióxido de carbono e calor como subprodutos do processo de decomposição.

Benefícios da Compostagem
Redução da quantidade de resíduos enviados para aterros sanitários

- Produção de um fertilizante natural de alta qualidade
- Melhoria da saúde do solo
- Conservação de recursos naturais
- Redução das emissões de gases de efeito estufa

Em resumo, a compostagem é uma prática ambientalmente sustentável e eficaz para o tratamento de resíduos orgânicos, promovendo a reciclagem de nutrientes e contribuindo para a preservação do meio ambiente.

c) Reciclagem
A reciclagem é um processo essencial na gestão de resíduos que consiste na transformação de materiais descartados em novos produtos, reduzindo a necessidade de recursos naturais, o consumo de energia e a geração de resíduos. Esse processo contribui para a conservação de recursos naturais, a proteção do meio ambiente e a redução da poluição.

Etapas da Reciclagem
O ciclo da reciclagem geralmente envolve várias etapas:

- **Coleta Seletiva:** Coleta de materiais recicláveis, como papel, plástico, vidro e metal.
- **Transporte:** Transporte dos materiais coletados para instalações de reciclagem.

- **Classificação e Separação:** Os materiais são classificados, separados e processados de acordo com seu tipo e qualidade.
- **Processamento:** Os materiais são limpos, triturados e transformados em matéria-prima secundária.
- **Fabricação:** A matéria-prima secundária é utilizada na fabricação de novos produtos.

Benefícios da Reciclagem

- Geração de empregos e oportunidades econômicas em diversos setores, como coleta, transporte, triagem, processamento e fabricação de produtos reciclados.
- Promoção da conscientização e participação da comunidade na redução, reutilização e reciclagem de materiais.
- Contribuição para a educação ambiental e a promoção da sustentabilidade.

O Ministério do Meio Ambiente classifica a reciclagem como uma das alternativas de tratamento de resíduos mais vantajosas. Contudo, nem todos os resíduos gerados em áreas portuárias podem ser destinados para reciclagem. É crucial considerar os potenciais riscos de contaminação ambiental ou para a saúde, especialmente devido à possível presença de resíduos contaminados originários de outros países. Para mitigar tais riscos, é essencial que a autoridade portuária, em colaboração com órgãos como Anvisa e MAPA, estabeleça critérios e procedimentos para o tratamento adequado dos resíduos portuários.

6.6 Disposição Final

De acordo com a Política Nacional de Resíduos Sólidos, a disposição final dos resíduos deve ser feita de forma ordenada em aterros, conforme normas operacionais específicas que previnam danos à saúde e à segurança pública, minimizando os danos ambientais adversos.

Métodos de Disposição Final

A disposição final de resíduos é a etapa final do processo de gestão de resíduos, na qual os materiais que não podem ser reciclados, reutilizados ou tratados de forma adequada são destinados a locais específicos para sua disposição segura e controlada. Essa fase é crucial para garantir a proteção do meio ambiente, da saúde pública e a minimização dos impactos negativos associados aos resíduos. Os principais métodos de disposição final de resíduos incluem:

1. **Aterros Sanitários:** Método mais comum de disposição final de resíduos sólidos urbanos. Nos aterros sanitários, os resíduos são compactados e depositados em camadas sobre uma base impermeável, com sistemas de drenagem e coleta de gases para controlar a produção de lixiviados e gases.
2. **Incineração:** Os materiais são queimados a altas temperaturas em instalações especializadas chamadas incineradores. Esse método pode reduzir o volume de resíduos e gerar energia, mas também pode gerar emissões atmosféricas e resíduos sólidos, exigindo sistemas de controle de poluição adequados.
3. **Deposição em Áreas Controladas:** Inclui a deposição em minas abandonadas ou cavidades subterrâneas, e a disposição no fundo do mar em locais autorizados, conhecida como disposição oceânica. Esses métodos são menos comuns e geralmente são reservados para resíduos específicos que não podem ser tratados de outra forma.

Independentemente do método escolhido, é essencial que a disposição final de resíduos seja realizada de acordo com normas e regulamentos ambientais rigorosos, garantindo a proteção do meio ambiente e a saúde pública. Além disso, é importante promover práticas de redução, reutilização e reciclagem de resíduos para minimizar a quantidade de materiais destinados à disposição final e promover a transição para uma economia circular e sustentável.

6.7 Resíduo de Embarcações (Resolução ANTAQ nº 99/2023)

Os portos são portas de entrada para o mundo. Contudo, não são apenas cargas que viajam em embarcações; até o momento, não há embarcações não tripuladas navegando em nossos mares. E onde há pessoas, há resíduos.

O resíduo de bordo demanda atenção especial das autoridades sanitárias em todo o mundo, devido ao alto risco de contaminação e proliferação de patógenos presentes em resíduos orgânicos, especialmente em embarcações de longo curso. No Brasil, a maior parte dos resíduos tende a ser destinada a aterros sanitários, tornando imprescindível a adoção de controles para evitar a contaminação de solos, lençóis freáticos e, consequentemente, animais e pessoas.

A Agência Nacional de Transportes Aquaviários (ANTAQ), entidade vinculada ao Ministério da Infraestrutura e responsável por serviços portuários prestados por autoridades portuárias, instalações portuárias arrendadas, operadores portuários e autorizatários de instalações, publicou no Diário Oficial da União (D.O.U) em junho de 2023, a Resolução nº 99/2023. Esta regulamenta a prestação de serviços de retirada de resíduos de embarcações em águas sob jurisdição nacional, em portos públicos e nas instalações portuárias autorizadas pela ANTAQ, revogando a Resolução nº 2190/2011.

A Resolução visa garantir a segurança, a eficiência e a sustentabilidade na atividade de retirada e destinação de resíduos de bordo, estabelecendo controles e definindo responsabilidades. Ela aborda e esclarece temas que, sob a vigência da Resolução nº 2190/2011, não encontravam unificação, como a responsabilidade pelas informações prestadas acerca da quantidade e tipo de resíduos retirados da embarcação e declarados em Manifesto de Transporte de Resíduos, especialmente para embarcações com bandeiras estrangeiras. Frequentemente, as agências marítimas recusavam-se a emitir documentos ou manifestos de transporte de resíduos sob a justificativa de que apenas intermediavam serviços, não sendo responsáveis legais pelas ações das embarcações ou suas tripulações.

Sob a Resolução nº 99/2023, tal questão foi resolvida ao definir a agência marítima como “a pessoa jurídica nacional que exerce a representação da empresa de navegação perante as autoridades do porto” (art. 2º, I). O mesmo artigo estabelece que “na hipótese de embarcação estrangeira não vinculada à empresa de navegação constituída segundo as leis brasileiras, o gerador de resíduos será representado pela agência marítima”.

Portanto, caso a embarcação não seja representada por empresa de navegação constituída segundo normas brasileiras, cabe à agência marítima representá-la junto às autoridades brasileiras para fins de declaração, controle e gestão de resíduos de embarcação. Este tema, que apresentava muita controvérsia entre as autoridades portuárias e os responsáveis pela retirada dos resíduos, parece ter encontrado solução nos termos da nova resolução.

Temas Relevantes da Resolução nº 99/2023

- **Definição de Resíduos de Bordo**: A normativa estabelece o que é considerado resíduo para efeitos de transporte aquaviário, abrangendo uma variedade de materiais, desde resíduos industriais até resíduos de serviços de saúde. Segundo a norma, é considerado resíduo de embarcação todos os “resíduos sólidos, semissólidos ou pastosos e líquidos, gerados durante a operação normal da embarcação, tais como água de lastro suja, água oleosa de porão, mistura oleosa contendo químicos, resíduos oleosos (borra), água com óleo resultante de lavagem de tanques, crosta e borra resultantes da raspagem de tanques e cascos, substâncias químicas líquidas nocivas, esgoto e águas servidas, lixo doméstico operacional, resíduos alimentares, resíduos de limpeza de sistemas de exaustão de gases, substâncias redutoras da camada de ozônio, resíduos hospitalares ou de saúde e outros” (art. 2º, XVI).

- **Requisitos para Habilitação de Empresas Coletoras de Resíduos**: A resolução estabelece os requisitos que devem ser atendidos pelas empresas que realizam a coleta e o transporte de resíduos por via aquaviária, incluindo a necessidade de licenciamento ambiental, utilização de equipamentos adequados para o transporte seguro dos resíduos e certificação das embarcações e tripulações.
- **Responsabilidades das Partes Envolvidas**: A resolução define as responsabilidades das empresas transportadoras, dos geradores de resíduos e das autoridades competentes na retirada de resíduos de embarcações, abrangendo o cumprimento das normas, realização de inspeções e fiscalizações, e adoção de medidas para prevenir e corrigir eventuais impactos ambientais.
- **Penalidades**: São estabelecidas penalidades para o descumprimento das disposições da resolução, visando garantir a sua efetividade e o cumprimento das normas por parte dos envolvidos no transporte de resíduos sólidos por via aquaviária.

Principais Alterações da Resolução nº 99/2023

- **Cadastro GISIS**: O anexo da nova resolução estabelece novas informações que deverão ser repassadas pela prestadora de serviço, como a quantidade de resíduos retirados da embarcação nos últimos três meses e a destinação final destes resíduos.
- **Alteração do Modelo de CRRE**: O certificado de retirada de resíduos da embarcação (CRRE) contém todas as informações relacionadas com a retirada de resíduos, desde a coleta a bordo até a entrega dos resíduos na destinação final ambientalmente adequada. A norma de 2023 estabeleceu um modelo padrão de CRRE em seu Anexo III, cuja disponibilização é responsabilidade da Autoridade Controladora.

- **Responsabilidade pelos Resíduos Retirados**: A empresa de navegação ou seu representante legal é responsável perante as autoridades competentes pela entrada de qualquer produto estranho ao processo adotado ou saída de resíduo diferente daquele discriminado e cuja coleta tenha sido autorizada (art. 11).
- **Relatório Anual**: A norma destaca que a autoridade controladora deve enviar à ANTAQ, anualmente, o relatório de recepção de resíduos provenientes de embarcações, encaminhando-o até o trigésimo dia do mês subsequente ao período de referência, em meio eletrônico (art. 15).
- **Credenciamento de Prestadora de Serviço**: Na Resolução nº 2190, a ANTAQ exigia apenas um credenciamento. Na nova resolução, a Autoridade define os critérios para habilitação por meio de chamada pública, que deve ocorrer no máximo a cada três anos ou a qualquer momento, por determinação da ANTAQ (art. 4º). Após o chamamento, procede-se à habilitação dos interessados pré-avaliados.

Os interessados podem responder ao chamamento público e ser habilitados para todas as etapas do serviço de retirada de resíduos de embarcações (da coleta à destinação final) ou apenas para algumas delas, conforme previsto na Chamada Pública.

São etapas do serviço de retirada de resíduos de embarcações (segundo o art. 5º §1º da Resolução nº 99/23):

- Coleta dos resíduos a bordo da embarcação;
- Transbordo ou remoção para terra;
- Armazenagem temporária, quando couber, em área dedicada a essa função, dentro ou fora da instalação portuária;
- Transporte em veículo adequado;
- Tratamento, quando couber; e
- Destinação final ambientalmente adequada.

Caso haja fracasso na Chamada Pública, ou quando as empresas habilitadas não tenham condições técnicas de executar o serviço, a autoridade portuária ou o autorizatário podem ofertar o serviço de coleta e transporte de resíduos de bordo. Nesse caso, o serviço deve ser prestado pela autoridade controladora (ou empresa contratada) e cobrado com base em preços livremente negociados (art. 24, pu, II). Todavia, a autoridade estará sujeita às mesmas exigências pertinentes aos prestadores de serviços de retirada de resíduos.

A mesma exceção aplica-se às instalações portuárias[2]. No caso de inexistência de empresa habilitada ou que responda à chamada pública da autoridade controladora (para portos organizados), a própria instalação portuária pode prestar os serviços de retirada de resíduos de embarcações, conforme as determinações estabelecidas na Resolução nº 99/23, desde que não haja restrição no respectivo contrato de adesão (art. 26).

Por fim, as autoridades portuárias podem cobrar tarifas das empresas coletoras de resíduos, seja pela disponibilidade de áreas e acessos necessários à prestação dos serviços de retirada de resíduos, seja pela armazenagem temporária ou outros serviços, desde que previstas em sua estrutura tarifária.

Procedimentos Operacionais

São exigidos procedimentos específicos para o manuseio, acondicionamento, transporte e descarte dos resíduos sólidos, visando garantir a correta manipulação e minimizar os riscos ambientais e de saúde pública. O Capítulo VI da Resolução[3] é dedicado a este tema.

No momento da habilitação, a empresa proponente deverá apresentar, além dos documentos e licenças obrigatórias para o exercício da atividade, a "descrição do processo adotado para a retirada de resíduos para o qual busca habilitação, inclusive os procedimentos em emergências" (art. 2º X). Portanto, para o exercício das etapas para as quais se habilitou, a empresa deverá

[2] Segundo a Lei nº 12815/13, art. 2º III, instalação portuária é "instalação localizada dentro ou fora da área do porto organizado e utilizada em movimentação de passageiros, em movimentação ou armazenagem de mercadorias, destinadas ou provenientes de transporte aquaviário"

[3] Sugerimos consulta à norma para verificação dos requisitos operacionais exigidos.

seguir sua própria descrição de metodologia, uso de equipamentos, preparação para eventuais incidentes e outros aspectos relacionados à atividade. Esse procedimento interno é avaliado e aprovado pela autoridade controladora durante a habilitação da empresa e deve obedecer a todas as normas aplicáveis à atividade, incluindo a Resolução nº 99/2023.

Os critérios que devem ser observados para a atividade, desde a observação de condições de maré e meteorológicas locais até autorizações de embarcações, estão descritos no Capítulo VI da Resolução. A norma ressalta que a autoridade controladora deve facilitar a retirada dos resíduos das embarcações, seja a contrabordo ou ao longo do cais, e, tendo o prestador de serviço atendido aos procedimentos de habilitação, não poderá negar a retirada de resíduos de embarcações em áreas sob sua jurisdição, exceto em casos específicos e tecnicamente justificados, como situações inseguras ou de grande risco ambiental.

A autoridade controladora pode elaborar e implantar um procedimento específico para habilitação, cadastro (e suas atualizações) e execução das atividades de retirada de resíduos de embarcações que se aplique a todas as etapas do processo e a todas as empresas habilitadas. Também pode estabelecer procedimentos específicos de segurança ocupacional e proteção ambiental. Nesse caso, o procedimento geral não substitui o procedimento interno das empresas, mas estabelece normas gerais para o exercício da atividade na área do porto, como cadastro de pessoas e veículos, horários, condições e exigências para retirada de resíduos e para seu armazenamento, casos possíveis de suspensão ou paralisação da atividade, entre outros.

É importante ressaltar que, após aprovação da execução de serviço pela administradora do porto, esta deve ocorrer de forma segura e sem impactos nas operações portuárias, destacando os procedimentos operacionais e de emergências a serem observados para evitar impactos nas operações, saúde e segurança dos trabalhadores envolvidos, e questões ambientais.

Questões Operacionais

Durante a execução da retirada de resíduos das embarcações, devem ser observadas as seguintes questões:

- **Restrições locais dos berços ou píeres**
- **Execução de atividades durante operações de carga e descarga**, incluindo granéis líquidos, entre outros
- **Saúde e segurança do trabalhador**: Isolamento da área, utilização de EPIs e EPCs, cuidados necessários para evitar contato com os resíduos contaminantes, entre outros
- **Questões ambientais**: Controles operacionais para evitar contaminação dos resíduos no cais, queda no mar, escoamento de resíduos líquidos para corpos hídricos e procedimentos de emergência, como uso de kits ambientais e obrigação de uso de bags para retirada dos resíduos sólidos

Assim, conforme descrito no artigo 23, a autoridade controladora ou a ANTAQ poderão paralisar a coleta de resíduos de embarcações quando verificadas situações que ponham em risco a integridade da operação ou do ambiente portuário, tais como:

- Incidente ou acidente;
- Ausência dos necessários equipamentos de proteção individual ou coletiva;
- Retirada de resíduos diferentes dos informados no CRRE;
- Eventos climáticos que interfiram na prestação do serviço;
- Uso de equipamentos ou veículos em desacordo com as normas vigentes;
- Outras situações que apresentem riscos à saúde humana ou ao meio ambiente.

Emissão e Apresentação de MTR[4]

O responsável pela solicitação de retirada de resíduo de bordo deve preencher e encaminhar o Manifesto de Transporte de Resíduos (MTR) com todas as informações necessárias para

[4] Manifesto de Transporte de Resíduos (MTR): documento numerado, gerado por meio do Sistema Nacional de Informações sobre a Gestão de Resíduos Sólidos (SINIR) ou sistema estadual correspondente, emitido exclusivamente pelo gerador, que deverá acompanhar o transporte do resíduo até a destinação final ambientalmente adequada (Resolução nº 99/23 art. 2º XII).

análise e controle da autoridade controladora. A Resolução destaca a importância do uso da plataforma do Ministério do Meio Ambiente (MMA), o SINIR, para geração deste documento. Nele são informadas as empresas responsáveis pela coleta, transporte e destinação final adequada, o volume e a classificação dos resíduos a serem coletados.

Essa etapa pode ser incorporada na etapa anterior (de solicitação de coleta), a critério da autoridade controladora. Ou seja, a solicitação de autorização para coleta já seria acompanhada do envio do MTR.

Certificado de Retirada de Resíduos de Embarcação (CRRE)[5]

O preenchimento do CRRE deve ser realizado pela prestadora de serviço habilitada. Segundo a norma, este documento "atesta" a retirada de resíduo de bordo junto às autoridades reguladoras (no caso, a ANTAQ). O CRRE se diferencia do MTR pelas especificidades das informações que requer.

Enquanto o MTR é um documento solicitado pelo Ministério do Meio Ambiente para a coleta, transporte e destinação final de resíduos em geral, aplicável a toda e qualquer operação de retirada e destinação de resíduos no território brasileiro, o CRRE trata especificamente de resíduos de embarcação e exige informações como nome da embarcação, número IMO, nacionalidade, empresa de navegação para a qual opera a embarcação, assinatura do comandante, além dos dados gerais sobre os resíduos a serem retirados.

A criação do CRRE visa suprir a falta de registro de dados e informações específicos das normas IMO que o MTR não fornece e não controla. Por isso, a Resolução nº 99/23 indica que "a ANTAQ poderá dispensar a utilização do CRRE em favor do MTR, quando este passar a atender as necessidades regulatórias" (art. 13, §1º). Ou seja, o CRRE pretende ser um documento

---

[5] Certificado de Retirada de Resíduos de Embarcação (CRRE): documento padrão, conforme Anexo III, o qual contém todas as informações relacionadas com a retirada de resíduos de embarcação, a partir da coleta a bordo até a entrega dos resíduos na destinação final ambientalmente adequada; Resolução nº 99/23 art. 2º IV).

provisório, destinado a existir apenas enquanto não se verificarem duas situações: a alteração do MTR para incorporar dados específicos de navegação e resíduos de bordo, ou o estabelecimento de um sistema próprio da ANTAQ onde esses dados sejam imputados sem a necessidade de envio anual dos certificados pela autoridade controladora.

Sistema de Desempenho Portuário (SDP)

Os dados apresentados no CRRE devem compor as informações a serem repassadas pela Autoridade Portuária à ANTAQ, através do Sistema de Desempenho Portuário (SDP). Trata-se de um sistema criado pela ANTAQ para a coleta de informações das atividades portuárias referentes à atracação, desatracação, paralisações, movimentação e tipos de cargas, entre outras informações. Recentemente, a ANTAQ passou a exigir que os dados de retirada de resíduos de bordo também sejam acrescentados ao sistema.

A autoridade controladora deve informar no SDP, além das informações gerais sobre as operações, as informações constantes no CRRE, preferencialmente antes da desatracação do navio ou até o dia 20 de cada mês. Portanto, logo após o término da atividade de retirada de resíduos, o MTR e CRRE devem ser entregues pela empresa habilitada à Autoridade Controladora. Estas documentações são de suma importância para garantir o controle das informações a serem repassadas, via sistema, à ANTAQ.

Por fim, a autoridade controladora deverá definir um prazo para envio dos Comprovantes de Destinação Final (CDF), que também deverão ser encaminhados pelo SDP à ANTAQ.

Cadastro GISIS

Conforme o artigo 2° da Resolução, o cadastro GISIS é o "registro dos dados previstos no Anexo II, os quais devem ser repassados pelo prestador de serviço de retirada de resíduos à autoridade controladora que, por sua vez, deve fornecê-los à ANTAQ, de modo a possibilitar a sua inclusão no módulo Port Reception Facility Database ou Banco de Dados sobre Instalações Portuárias de Recepção (PRFD/GISIS) do Global Integrated Shipping

Information System ou Sistema Global Integrado de Informações sobre Marinha Mercante (GISIS), mantido pela International Maritime Organization (IMO)".

Em outras palavras, os dados informados pela autoridade controladora à ANTAQ são repassados a um sistema global de informações da IMO, o GISIS. Tais informações dizem respeito, principalmente, ao quantitativo de resíduos sólidos e líquidos retirados das embarcações.

O GISIS é uma iniciativa da IMO para reunir e compartilhar informações sobre a indústria marítima global, visando melhorar a transparência e a eficiência no setor de transporte marítimo. Esse sistema fornece uma plataforma centralizada para a troca de dados.

O GISIS abrange uma ampla gama de informações relacionadas à navegação, segurança marítima, meio ambiente, regulação e conformidade, permitindo que os estados membros da IMO, organizações não-governamentais e outras partes interessadas acessem dados relevantes e se mantenham atualizados sobre as últimas tendências e desenvolvimentos na indústria. Em resumo, o GISIS é uma ferramenta crucial para promover a segurança, a proteção ambiental e a eficiência no transporte marítimo global, facilitando o compartilhamento de informações e a cooperação entre as partes interessadas.

O envio desses dados à IMO é de responsabilidade das autoridades nacionais de controle do transporte marítimo. No Brasil, as informações são encaminhadas pela ANTAQ.

Relatório Anual de Recepção de Resíduos Provenientes de Embarcações

O artigo 15 da Resolução nº 99/23 estabelece que a autoridade controladora deve enviar à ANTAQ, anualmente, o relatório de recepção de resíduos provenientes de embarcações, encaminhando-o até o trigésimo dia do mês subsequente ao período de referência, em meio eletrônico. Tal relatório deve conter:

- Identificação da autoridade controladora;
- Identificação dos prestadores de serviço de retirada de resíduos das embarcações;
- Diagnóstico dos resíduos, considerando: as embarcações atendidas, o número de operações realizadas, o volume de resíduos recepcionados, a caracterização dos resíduos quanto à tipologia do PRFD/GISIS e quanto às classes de risco da Norma Brasileira nº 10.004 da Associação Brasileira de Normas Técnicas (NBR ABNT nº 10.004), e a destinação final ambientalmente adequada;
- Ações preventivas ou corretivas executadas em situações de gerenciamento incorreto ou acidentes;
- Cópias dos CRRE emitidos no período.

A norma destaca que a ANTAQ disponibilizará meios adequados para o envio dessas informações, mas indica-se que, até a implementação de um sistema próprio, os dados sejam enviados por e-mail no prazo determinado na Resolução.

Ainda é importante mencionar que a norma deixa clara a necessidade de manter, por até 60 meses, os registros sobre as retiradas de resíduos de bordo, incluindo: MTR, CDF, CRRE, e-mails, relatórios de informações enviadas e outros, para o caso de haver fiscalizações ou auditorias.

7. Emergências ambientais

Samara Soares

As emergências ambientais representam situações críticas que ameaçam a integridade dos ecossistemas e a saúde pública, resultando de fatores naturais, tecnológicos, humanos ou uma combinação deles, podendo causar danos ambientais graves.

Uma emergência ambiental em uma área portuária pode ocorrer devido a diversas razões, como vazamentos de produtos químicos, derramamentos de óleo, acidentes de navegação ou até mesmo desastres naturais como tempestades. Esses eventos podem ter um impacto significativo no ecossistema local, na vida marinha, nas atividades portuárias e na saúde das comunidades próximas.

Impactos de Emergências Ambientais

- **Produtos Químicos Perigosos**: Vazamentos ou derramamentos podem causar poluição do ar, degradação do solo, contaminação da água e riscos à saúde humana, intoxicando pessoas no local e resultando em doenças respiratórias e outros problemas de saúde.
- **Perda de Biodiversidade**: Danos aos habitats naturais podem ocasionar a extinção de espécies e desequilíbrio nos ecossistemas. Um derramamento de óleo, por exemplo,

pode causar a morte de peixes, pássaros, comunidades fitoplanctônicas e outras formas microscópicas de vida.

- **Impactos Socioeconômicos**: Acidentes ambientais podem afetar as comunidades e a economia local, prejudicando setores como pesca, agricultura e turismo, além de interromper as atividades da instalação causadora do incidente.

A extensão dos impactos ambientais pode ser agravada pela demora na comunicação e mobilização de ações de resposta, ou pela falta de preparação e treinamento adequados.

Resposta a Emergências Ambientais

A resposta a emergências ambientais em áreas portuárias requer uma ação rápida e coordenada das autoridades portuárias, agências ambientais, empresas locais e outros stakeholders relevantes. As medidas podem incluir:

- **Contenção de Vazamentos**: Ações imediatas para impedir a dispersão de substâncias perigosas.
- **Limpeza de Áreas Afetadas**: Remoção e tratamento de contaminantes do solo, água e ar.
- **Monitoramento da Qualidade Ambiental**: Verificação contínua das condições da água e do ar.
- **Evacuação de Áreas em Risco**: Deslocamento seguro de pessoas de áreas contaminadas.
- **Assistência Médica**: Fornecimento de cuidados médicos às vítimas.

Medidas Preventivas

Portos devem implementar medidas preventivas, tais como:

- **Sistemas de Gerenciamento de Riscos Ambientais**: Identificação e mitigação de potenciais riscos.
- **Treinamento de Pessoal**: Capacitação de funcionários para resposta eficaz a emergências.

- **Regulamentações Rigorosas**: Normas estritas para prevenir acidentes.
- **Conscientização Pública**: Educação sobre riscos ambientais associados às operações portuárias para promover práticas sustentáveis.

Planejamento e Conceitos Básicos

No presente capítulo, apresentaremos conceitos, instrumentos e planejamento aplicáveis a emergências ambientais nas áreas portuárias, oferecendo conhecimento básico para a implementação de uma estrutura de resposta a emergências. Todavia, o tema é bastante extenso e recomendamos ao leitor, caso seja de seu interesse, o aprofundamento do conhecimento acerca de técnicas específicas, sistemas de informação e comunicação, sistemas de comando de incidentes, primeiros socorros, salvatagem, controle e evacuação de áreas contaminadas, atendimento de incidentes HAZMAT e outras técnicas disponíveis no mercado para a formação de profissionais de atendimento a emergências.

7.1 Conceitos e Definições Importantes

Nas emergências ambientais são empregados diversos termos, sendo importante conhecer o significado dos mais utilizados para a correta atuação em caso de ações emergenciais. São eles:

- **Acidente Ambiental**: Evento de ocorrência anormal, capaz de direta ou indiretamente causar danos ao meio ambiente ou à saúde humana, como vazamento ou lançamento inadequado de substâncias (gases, líquidos ou sólidos) para a atmosfera, solo ou corpos d'água.
- **Ação de Resposta**: Ação destinada a avaliar, conter, reduzir, combater ou controlar um incidente de poluição por óleo, incluindo as ações de recuperação da área atingida (BRASIL, 2023).

- **Dano Ambiental**: Lesão aos recursos ambientais que pode resultar em degradação do equilíbrio ecológico e/ ou da qualidade da vida humana.
- **Impacto Ambiental**: Alteração significativa do meio ambiente, podendo ser provocada por uma ação humana ou por fenômenos naturais.
- **Incidente de Poluição por Óleo**: Segundo o Decreto 10.950/2022, significa ocorrência que resulte ou possa resultar em descarga de óleo, inclusive aquelas de responsabilidade indeterminada, em águas sob jurisdição nacional e que represente ou possa representar ameaça à saúde humana, ao meio ambiente, ou a interesses correlatos de um ou mais Estados, e que exija ação de emergência ou outra resposta imediata.
- **Mitigação**: Ações que visam à redução ou remediação dos impactos nocivos para o meio ambiente.
- **Prevenção**: Ações que buscam a avaliação e a redução dos riscos.
- **Plano de Contingência**: Segundo a Lei 9.666/2000, trata-se do conjunto de procedimentos e ações que visam à integração dos diversos planos de emergência setoriais, bem como a definição dos recursos humanos, materiais e equipamentos complementares para a prevenção, controle e combate da poluição das águas.
- **Plano de Emergência**: Documento que tem como objetivo determinar e estabelecer as ações a serem desencadeadas imediatamente após um incidente, bem como definir os recursos humanos, materiais e equipamentos adequados à prevenção, controle e combate à emergência.
- **Resposta a Emergência**: Ações para resposta rápida a desastres, evacuação de áreas afetadas, combate e salvamento de vidas.

Outros conceitos e definições podem ser encontrados nas normas ambientais que regulamentam as ações de resposta a emergência no Brasil, como por exemplo a Lei nº 9.966/00, chamada Lei do Óleo.

7.2 Preparação para Emergências Ambientais

As operações portuárias possuem uma diversidade de atividades com elevado risco ambiental, devido à grande quantidade de materiais e produtos químicos e perigosos manuseados em áreas próximas ao mar e outras áreas sensíveis como mangues e rios.

Para uma resposta eficaz a esses tipos de incidentes, é essencial ter capacidade para contenção de vazamentos e medidas para mitigação dos impactos no meio ambiente. Para o controle de eventuais acidentes, a instalação portuária deve possuir planos de contingência específicos, além de equipamentos e materiais disponíveis nas áreas de risco. Esses requisitos devem ser exigidos pela autoridade portuária, por meio de procedimentos ou normas internas, das empresas e operadoras que atuam na área da poligonal do porto.

A instalação deve fiscalizar a adoção de medidas de controle ambiental durante as operações e atividades, manter canais de comunicação para qualquer incidente ou acidente ambiental, acompanhar todas as ações tomadas durante as ocorrências e estabelecer requisitos, normas e parâmetros para a investigação e atendimento das ocorrências ambientais.

Condicionantes Legais para Prevenção e Controle de Acidentes

Existem condicionantes legais, como licenças ambientais, auditorias ambientais, programas de gerenciamento de riscos, planos de controle de emergência e o Plano de Emergência Individual (PEI), entre outros. Com a publicação da Lei nº 9.966/2000, ampliou-se a importância da prevenção, preparação e resposta para poluição causada por lançamento de óleo e outras substâncias nocivas ou perigosas.

As medidas de precaução e prevenção, para que se evite a poluição por derivados de petróleo, são objeto de legislações nacionais e convenções internacionais sobre segurança marítima e prevenção da poluição marinha, as quais devem nortear as fiscalizações e procedimentos para gerenciamento de emergências ambientais no âmbito portuário:

MARPOL 73/78	Convenção que estabelece regras para a prevenção da poluição causada por óleo, por substâncias líquidas nocivas transportadas a granel, em fardos, contêineres, tanques portáteis ou vagões, tanques rodoviários e ferroviários e por esgotos e lixo provenientes de navios. As normas estabelecidas dirigem-se aos navios, portos e terminais.
OPRC 90	Baseada no "Princípio do Poluidor Pagador", esta convenção foi estabelecida com o objetivo de facilitar a cooperação internacional e a assistência mútua no preparo para o atendimento aos vazamentos de óleo e incentivar o desenvolvimento de sistemas de resposta e capacitação para operações de emergência. Aplica-se às indústrias petrolíferas e empresas transportadoras de petróleo e derivados.
OPRC – HNS 2000	Protocolo acrescido à OPRC 90, ampliando seus dispositivos para abranger substâncias nocivas e perigosas transportadas por navios.
Normam nº 204/2023 - DPC	Estabelece os procedimentos administrativos para o tráfego e permanência de embarcações, de bandeiras brasileira e estrangeira, em Águas Jurisdicionais Brasileiras visando à segurança da navegação, à salvaguarda da vida humana e à prevenção da poluição no meio aquaviário.
Lei Federal nº 9.966/2000	Estabelece os princípios básicos a serem obedecidos na movimentação de óleo e outras substâncias nocivas ou perigosas em portos organizados, instalações portuárias, plataformas e navios em águas sob jurisdição nacional. A "Lei do Óleo" contempla a criação de planos de contingência locais ou regionais, que deverão ser consolidados pelo órgão ambiental competente, em articulação com os órgãos de defesa civil.
Decreto nº 4.871/2003	Institui os Planos de Área para o combate à poluição por óleo em águas sob jurisdição nacional com concentração de portos organizados, instalações portuárias ou plataformas e suas respectivas instalações de apoio.

Decreto federal nº 10.950/2022	Plano Nacional de Contingência para Incidentes de Poluição por Óleo em Águas sob Jurisdição Nacional. Fixa responsabilidades, estabelece estrutura organizacional e define diretrizes, procedimentos ações, com o objetivo de permitir a atuação coordenada de órgãos da administração pública e entidades públicas e privadas para ampliar a capacidade de resposta em incidentes de poluição por óleo que possam afetar as águas sob jurisdição nacional, e minimizar danos ambientais e evitar prejuízos para a saúde pública.
Resolução CONAMA nº 398/2008	Dispõe sobre o conteúdo mínimo do Plano de Emergência Individual para incidentes de poluição por óleo em águas sob jurisdição nacional, originados em portos organizados, instalações portuárias, terminais, dutos, sondas terrestres, plataformas e suas instalações de apoio, refinarias, estaleiros, marinas, clubes náuticos e instalações similares, e orienta a sua elaboração.
NR 29	Norma que estabelece as responsabilidades e competências da Administração Portuária e dos Trabalhadores Portuários voltados à segurança, saúde, gerenciamento dos riscos ocupacionais e meio ambiente. Esta norma aborda a prevenção de acidentes envolvendo cargas perigosas nas operações portuárias e a elaboração do Plano de Controle de Emergência – PCE e do Plano de Auxílio Mútuo – PAM (itens 29.28 e 29.29).

Tabela 13: Síntese dos principais instrumentos legais relacionados a poluição por óleo. Fonte: Soares, 2024.

7.3 Planos e Documentos Obrigatórios

Quando se trata de emergências ambientais na área portuária, é crucial ter planos de contingência para a resposta a vazamentos de substâncias perigosas, poluição da água ou outros incidentes semelhantes. A finalidade destes planos é organizar, estabelecer procedimentos e diretrizes sobre os aspectos e ações relacionadas ao controle e combate a situações emergenciais.

Regulamentações e Diretrizes Internacionais
Muitos países possuem regulamentações específicas para a gestão de emergências ambientais em instalações portuárias. Por exemplo:

Estados Unidos:

- Lei de Resposta a Emergências de Comunidades e Direito para Conhecimento do Público (Emergency Planning and Community Right-to-Know Act - EPCRA).
- Lei de Prevenção de Poluição por Navios (Vessel Pollution Prevention Act - VPPA).

Organização Marítima Internacional (IMO):

- Código Internacional de Segurança para Navios e Instalações Portuárias (International Ship and Port Facility Security Code - ISPS Code).
- Convenção Internacional para a Prevenção da Poluição por Navios (International Convention for the Prevention of Pollution from Ships - MARPOL).

Planos de Emergência
A instalação portuária deve possuir planos de emergência atualizados, com cenários acidentais relacionados às atividades desenvolvidas, contemplando riscos operacionais, definindo as atribuições e responsabilidades dos envolvidos e possibilitando a adoção de ações rápidas.

Principais Documentos de Emergência
a) Plano de Emergência Individual (PEI)
O PEI, obrigatório segundo a Lei 9.966/2000 e com diretrizes instituídas na Resolução CONAMA 398/08, é um dos principais

instrumentos de prevenção e combate a derramamentos de óleo. Este plano inclui:

- **Ações de Resposta**: As ações a serem adotadas em caso de incidentes de poluição por óleo.
- **Informações dos Potenciais Riscos**: Hipóteses e cenários acidentais do empreendimento, possíveis impactos ambientais, análise de vulnerabilidade.
- **Estrutura de Resposta**: Equipamentos e materiais de resposta, procedimentos padrões para cada fase da emergência e mapas de áreas de interesse.
- **Estudo de Transporte e Dispersão do Óleo**: Informações sobre o comportamento e a trajetória do produto na água, além da Carta de Sensibilidade Ambiental a Derramamento de Óleo (Carta SAO).
- **Dimensionamento dos Recursos**: Recursos humanos e materiais necessários para intervenção, organização e fluxo de comunicação, medidas de recuperação de áreas atingidas, política de treinamentos das equipes e mecanismos de gestão e atualização.

A Resolução CONAMA 398/2008 traz em seu anexo III os critérios de dimensionamento da capacidade mínima de resposta, incluindo:

- **Barreiras de Contenção**: 3 vezes o comprimento da maior embarcação ou da fonte de derramamento, em metros.
- **Barreiras Absorventes**: Quantidade igual à das barreiras de contenção.
- **Recolhedores**: Capacidade nominal de acordo com o pior caso de vazamento (2/6/12/36/60 horas).
- **Tancagem**: 3 horas de operação do recolhedor.

O PEI deve estar operacional, ser divulgado às partes interessadas e ser revisado periodicamente e auditado a cada dois anos, conforme preconiza o art. 9º da Lei Federal Nº 9.966/2000:

> Art. 9º As entidades exploradoras de portos organizados e instalações portuárias e os proprietários ou operadores de plataformas e suas instalações de apoio deverão realizar auditorias ambientais bienais, independentes, com o objetivo de avaliar os sistemas de gestão e controle ambiental em suas unidades.

As auditorias deverão ser realizadas por empresa especializada e habilitada, a qual auditará exclusivamente o plano ou poderá ser realizada auditoria conforme as diretrizes das Resoluções CONAMA 306/2002[6] e 381/2006, onde será auditado o desempenho da gestão ambiental incluindo o plano de emergência individual.

Conforme preceitua o art. 6º da Resolução CONAMA 398/2008, o PEI deverá ser reavaliado pelo empreendedor nas seguintes situações:

> I - quando a atualização da análise de risco da instalação recomendar;
> II - sempre que a instalação sofrer modificações físicas, operacionais ou organizacionais capazes de afetar os seus procedimentos ou a sua capacidade de resposta;
> III - quando a avaliação do desempenho do Plano de Emergência Individual, decorrente do seu acionamento por incidente ou exercício simulado, recomendar;
> IV - em outras situações, a critério do órgão ambiental competente, desde que justificado tecnicamente.

Caso a revisão do PEI resulte na alteração dos procedimentos e capacidade de resposta, o Plano revisado deverá ser submetido à aprovação do órgão competente.

Como boa prática, é importante que o Plano de Emergência seja sempre objeto de treinamentos e simulados para toda a comunidade portuária. Os treinamentos se referem à transmissão de informações que compõem o PEI ao público direta ou

---

[6] Sobre a Auditoria Ambiental para portos, prevista na Resolução CONAMA nº 306/2002, verifique o capítulo próprio de Auditorias deste Manual.

indiretamente relacionado à atuação e resposta à emergência. Tais informações compreendem desde os canais de comunicação e acionamento, a estrutura de resposta e equipamentos disponíveis, potenciais cenários de risco e forma de evitá-los, até eventuais estratégias para evacuação e comunicação com a comunidade do entorno.

Já os exercícios simulados devem compreender, na prática, a verificação do fluxo de comunicação, da infraestrutura e tempo de mobilização de recursos e de equipes, da cadeia de comando, distribuição de responsabilidades e outros aspectos essenciais para atendimento de todas as hipóteses acidentais previstas no Plano. Sobre simulados e suas formas de execução, comentamos em tópico específico deste capítulo.

b) Plano de Área

Instituído pelo Decreto nº 4.871/2003, o Plano de Área é um conjunto de documentos que contém informações, medidas e ações referentes a uma área de concentração de portos organizados, instalações portuárias, terminais, dutos ou plataformas e suas respectivas instalações de apoio. Seu objetivo é integrar os diversos Planos de Emergência Individuais (PEI's) e estabelecer mecanismos de ajuda mútua para o combate a incidentes de poluição por óleo.

Conteúdo do Plano de Área

O Plano de Área deve conter informações, medidas e ações resultantes da consolidação dos Planos de Emergência Individuais, dos Programas de Gerenciamento de Riscos (PGR) e das análises de riscos dos empreendimentos que compõem os portos organizados. A elaboração deste plano é de responsabilidade dos responsáveis pelas instalações dos terminais e empresas integrantes da área, sob a coordenação do órgão ambiental competente.

Dimensionamento do Plano de Área

O dimensionamento do Plano de Área abrange:

- **Descrição das Áreas de Concentração e Abrangência**: Delimitação geográfica e operacional da área coberta pelo plano.
- **Estrutura Organizacional de Resposta**: Definição clara das responsabilidades e funções de cada ente envolvido na resposta a emergências.
- **Identificação dos Cenários Acidentais**: Situações hipotéticas que requeiram o acionamento do plano.
- **Plano de Comunicação**: Estratégias e canais para comunicação interna e externa durante uma emergência.
- **Planos de Emergência Individuais**: Integração dos PEI's das instalações, incluindo análises de risco e modelagens de dispersão de óleo.
- **Procedimentos de Articulação Coordenada**: Protocolos para a coordenação das ações entre as instalações.
- **Resposta a Incidentes de Origem Desconhecida**: Procedimentos específicos para casos de poluição por óleo sem origem definida.
- **Limpeza e Descontaminação**: Métodos para limpeza e descontaminação de materiais, equipamentos e recursos utilizados na resposta.
- **Modelagens de Dispersão de Óleo**: Simulações para prever a dispersão de óleo em cenários específicos.
- **Inventário de Recursos**: Listagem e localização de recursos humanos e materiais disponíveis para a resposta.
- **Critérios para Disponibilização de Recursos**: Regras para a utilização, reposição ou ressarcimento dos recursos previstos no plano.

O decreto 10.950/2022, que dispõe sobre o Plano Nacional de Contingência – PNC, trouxe alterações importantes no que tange ao conteúdo mínimo do Plano de Área:

> Art. 27. O Decreto nº 4.871, de 6 de novembro de 2003, passa a vigorar com as seguintes alterações:

"Art.4º O Plano de Área deverá conter, no mínimo, os seguintes elementos:
(...)
II - identificação dos cenários acidentais que requeiram o acionamento do Plano de Área, estabelecidos em função da sensibilidade ambiental da região, da magnitude do derramamento e das potenciais consequências do incidente de poluição por óleo, as quais serão estabelecidas de acordo com estudo de análise de riscos;
III - sistema de informações atualizado contendo, no mínimo:
(...)
g) registros de incidentes de poluição na área geográfica abrangida pelo Plano de Área;
h) Planos de Emergência Individuais das instalações integrantes do Plano de Área, inclusive as análises de risco e as modelagens de dispersão de óleo; e
i) modelagens de dispersão de óleo para cenários específicos de Plano de Área, se necessário.
(...)

Plano de Área

O Plano de Área deve contemplar a participação de terminais portuários e empreendimentos que tenham seus Planos de Emergência Individuais (PEI's) elaborados segundo a Resolução CONAMA nº398/2008. Estes devem assumir o compromisso de disponibilizar recursos humanos e materiais para uso em acionamentos e exercícios simulados.

Hipóteses de Acionamento

O plano deve ser acionado nas seguintes hipóteses:

- Ocorrências que excedam a capacidade de resposta de um dos integrantes (superada a capacidade de contenção e recolhimento do PEI da instalação sinistrada).
- Ocorrências de mancha de óleo de origem desconhecida na área abrangida pelo plano.
- Solicitação do órgão ambiental.

Articulação Coordenada

Os procedimentos para articulação coordenada entre as instalações e instituições envolvidas no plano devem considerar o Sistema de Comando de Incidentes, com atuação conjunta com os órgãos governamentais na prevenção e preparação para a resposta.

Ressarcimento de Recursos

Os recursos, materiais e serviços prestados pela instalação cedente no acionamento do plano devem ser ressarcidos conforme critérios previamente estabelecidos e mutuamente acordados, em conformidade com o relatório de custos da ação emitido pela coordenação das ações.

Manutenção do Plano de Área

Para a manutenção do plano de área, deve ser constituído um comitê responsável pela gestão integrada e participativa de todos os níveis da organização, visando obter resultados esperados, análise crítica e melhoria contínua. O Comitê funcionará em caráter permanente, com reuniões periódicas, e será constituído por representantes de cada instalação participante e da coordenação do plano.

A empresa responsável pela coordenação do plano deve elaborar um regimento interno para estabelecer critérios e procedimentos para o desenvolvimento das atividades do comitê e subcomitês, estrutura organizacional, atribuições e deveres dos membros, dinâmica de reuniões, simulados, treinamentos, etc.

Comunicação de Alterações

É de responsabilidade das empresas integrantes e da coordenação do plano de área informar ao IBAMA e demais órgãos ambientais quaisquer alterações realizadas em seus documentos e sobre a inclusão ou exclusão de membros do plano de área.

c) Plano de Proteção à Fauna (PPAF)

O Plano de Proteção à Fauna é uma ferramenta essencial para orientar ações de resposta referentes à fauna em caso de acidente com vazamento de óleo no mar.

Conteúdo do PPAF

- **Identificação da Fauna**: Mapeamento das espécies próximas às instalações de interesse e trechos vulneráveis prioritários.
- **Métodos e Táticas**: Estratégias para impedir a contaminação de animais por petróleo e para o pós-contato (captura, manejo, afugentamento e descontaminação).

Estratégias de Resposta
O plano define estratégias de resposta em três níveis:

- **Resposta Primária**: Manter o óleo afastado da fauna.
- **Resposta Secundária**: Manter a fauna afastada do óleo.
- **Resposta Terciária**: Capturar e tratar a fauna oleada.

O foco principal deste estudo é o atendimento à fauna oleada, um aspecto crítico de uma emergência ambiental, podendo ser ativado simultaneamente ao PEI.

d) Plano de Controle de Emergência (PCE)

Balizado pela Norma Regulamentadora NR-29 (item 29.28), este plano tem como princípios o controle e a eficácia no tratamento de eventos que desviem dos procedimentos operacionais do porto, proporcionando as condições necessárias para o pronto atendimento às emergências, mitigação dos danos e rápida retomada das operações.

Conteúdo do PCE
O plano deve reunir as responsabilidades setoriais e as ações a serem desencadeadas imediatamente após um incidente, definindo os recursos humanos, materiais e equipamentos adequados à prevenção, controle e combate a emergências nas instalações portuárias gerenciadas diretamente pela autoridade portuária que ameacem a integridade física, a saúde humana e o meio ambiente.

O PCE deve ser elaborado considerando as características e a complexidade da instalação, devendo constar as seguintes hipóteses acidentais estabelecidas no item 29.28.1 da NR 29:

> 29.28.1 Compete à administração do Porto Organizado e aos titulares das instalações portuárias autorizadas e arrendadas a elaboração e implementação do PCE, devendo constar as seguintes situações:
> a) incêndios e explosões;
> b) vazamento de produtos perigosos;
> c) poluição ou acidente ambiental;
> d) condições adversas de tempo, como tempestades com ventos fortes que afetem a segurança das operações portuárias, demonstrando quais os possíveis riscos;
> e) queda de pessoa na água; e
> f) socorro e resgate de acidentados.

Os planos de emergência em geral trazem as diretrizes os procedimentos operacionais que são utilizados em estratégias de respostas para diferentes tipos de situação e de emergências, servindo como um guia para as equipes envolvidas no gerenciamento do incidente.

7.4 Gerenciamento e Resposta a Emergências Ambientais

Os derramamentos de óleo, assim como incêndios florestais e outras emergências ambientais, não são previsíveis e podem ocorrer a qualquer momento e sob qualquer condição climática. Portanto, para uma resposta eficaz, a preparação e o planejamento devem considerar as piores condições possíveis.

Procedimentos de Segurança e Zoneamento

Os profissionais que atuam nas operações de resposta a emergências devem seguir uma série de procedimentos de segurança para avaliar os riscos à saúde humana e de contaminação ambiental. Esta etapa frequentemente emprega a percepção sensorial (visual, olfativa, auditiva e sensação térmica) durante a observação da ocorrência.

O isolamento da área afetada e o controle da circulação das equipes envolvidas são cruciais para a eficiência das ações de combate. O "zoneamento" é um dos procedimentos mais adotados para o isolamento de áreas afetadas e organização das ações de emergência, estabelecendo zonas de acordo com a periculosidade de cada área:

- **Zona Quente**: Área onde ocorreu o acidente, acessível apenas aos profissionais que realizarão ações de combate ao vazamento, derramamento do produto perigoso, incêndio ou resgate de vítimas.
- **Zona Morna**: Área próxima à zona quente, com potencial concentração perigosa de produto. Permite a entrada e circulação apenas de profissionais devidamente equipados e envolvidos nas ações de controle.
- **Zona Fria**: Área no perímetro da zona morna, sem risco de exposição ao produto envolvido. Nela são instalados a base de apoio, posto de comando, área de espera de veículos de emergência e resgate, e outros veículos com equipamentos de apoio.

Ações de Combate a Derramamentos de Óleo

As ações de combate a derramamentos de óleo incluem a comunicação para ativação do plano, interrupção do fluxo de óleo, e contenção e proteção de ambientes sensíveis. Geralmente, as ações de contenção e recolhimento são realizadas simultaneamente ao procedimento de controle de fluxo.

As estratégias de resposta variam de acordo com o acidente e as diferentes circunstâncias (condições climáticas adversas, período do dia etc.). A resposta a um derramamento pequeno pode ser implementada em algumas horas, enquanto um derramamento maior requer mais tempo para mobilização dos elementos de resposta.

Todas as ocorrências ambientais e ações adotadas devem ser devidamente registradas e informadas ao órgão ambiental competente. Para as instalações licenciadas pelo IBAMA, a comunicação das ocorrências deve ser realizada via Siema (Sistema Nacional de Emergências Ambientais), ferramenta informatizada estabelecida pela Instrução Normativa 15, de 06 de outubro de 2014.

Treinamento e Preparação

Para o sucesso da operação de resposta, é importante que as equipes, assim como todos os envolvidos na instalação e corpo operacional, sejam treinados nos planos de emergência e tenham familiaridade com seu formato.

Treinamentos que possibilitem a preparação, a cooperação e a adoção do mesmo sistema de comunicação e informações por parte da equipe interna de resposta a emergência do porto e outras equipes de atendimento a emergências (como bombeiros, polícia militar, polícia rodoviária, capitania dos portos, defesa civil e outros) são essenciais.

7.5 Recursos e Equipamentos Usados em Emergências com Óleo

Para a contenção de derramamentos de óleo ou substâncias químicas em terra e mar, devem estar disponíveis recursos suficientes e adequados para atender os cenários acidentais previstos no plano de emergência da instalação portuária.

As operadoras portuárias, contratadas, arrendatárias e prestadoras de serviços que atuam na poligonal do porto devem manter kits de proteção ambiental durante suas atividades e operações para uso imediato em caso de pequenos vazamentos ou derrames.

Os kits de proteção ambiental devem ser constituídos por materiais absorventes apropriados para hidrocarbonetos (mantas, cordões absorventes, absorvente natural, travesseiros etc.), com quantidade dimensionada para atender ocorrências de acordo com a natureza da atividade/operação.

Recursos Específicos para Água

Para a contenção e mitigação de vazamentos e derrames de óleo em água, devem ser disponibilizados recursos específicos, incluindo:

- Barreiras de Contenção/Barreiras Absorventes
- Recolhedores de Óleo
- Sistemas Autônomos de Contenção e Recolhimento
- Tanques de Emergência

Figura 11 - Barreiras de contenção. Fonte: CETESB

As barreiras de contenção são os primeiros equipamentos mobilizados para contenção em um acidente ambiental com óleo em recursos hídricos, sendo empregadas em quase todas as etapas das operações de resposta. As barreiras são uma espécie de cortina vertical com partes que se estendem acima e abaixo da linha d'água, possuindo três tipos básicos: cerca, cortina e de praia.

CARACTERÍSTICAS ESTRUTURAIS DAS BARREIRAS DE CONTENÇÃO							
Local de Uso	Tipo	Borda Livre (cm)	Saia (cm)	Carga (t)	Vento (nós)	Corrente (nós)	Volume (m3/100m)
Águas interiores	leve	12 a 25	20 a 45	1 a 3	até 15	0,7 a 1,0	1,0 a 1,5
Águas abrigadas	fixa	25 a 40	40 a 65	3 a 8	até 5	0,7 a 1,0	1,5 a 3,0
Oceânicas	pesada	40 a 115	65 a 125	15 a 35	até 30	0,1 a 1,5	3,0 a 6,0

Tabela 14 - Contenção e remoção de emergências químicas. Fonte: CETESB

Além do uso na contenção em acidentes ambientais, as barreiras são utilizadas também na proteção de determinadas áreas e operações com riscos de derramamento de óleo, utilizadas em cerco preventivo.

Figura 12 - Recolhedor de óleo

Na etapa de recolhimento de óleo na água, são utilizados recolhedores, dispositivos mecânicos desenvolvidos para remoção de óleo na superfície da água, os quais variam de tamanho, aplicação e capacidade, disponíveis em modelos distintos (oleofílicos, tipo vertedouro, a vácuo ou sucção, mecânicos etc.).

Para atividades de abastecimento de combustíveis, remoção de resíduo oleoso e outras atividades com risco potencial de acidentes, além dos recursos de pronta resposta, a empresa deverá possuir um contrato de prontidão ambiental para atendimento rápido a emergências em terra e mar.

A estrutura de prontidão ambiental é composta por bases estrategicamente instaladas, equipadas e gerenciadas de acordo com a necessidade da operação de cada empresa, constituídas por uma equipe técnica e operacional disponível 24 horas por dia, viabilizando atendimento especializado e ágil para as ocorrências.

7.6 Exercícios Simulados

Uma vez consolidados os planos de emergência, os exercícios simulados são fundamentais para validá-los e preparar todos os envolvidos, desde a comunicação até o uso de recursos nas ações de resposta. Os simulados são treinamentos práticos realizados periodicamente para simular, de forma realista, uma situação de risco, com os seguintes objetivos:

- **Fortalecimento de Protocolos de Segurança**: Garantir que todos os procedimentos sejam seguidos corretamente.
- **Redução do Tempo de Resposta**: Melhorar a eficiência e rapidez nas ações de emergência.
- **Avaliação das Equipes de Resposta**: Verificar o desempenho dos profissionais envolvidos.
- **Validação e Melhoria dos Planos de Emergência**: Identificar falhas e áreas de melhoria nos planos existentes.
- **Teste de Recursos e Equipamentos**: Assegurar que os equipamentos e materiais disponíveis estejam funcionando adequadamente.

Planejamento e Execução de Simulados

O planejamento de um simulado envolve diversas etapas:

- **Divulgação**: Informar a todos os envolvidos sobre a realização do simulado.
- **Escolha e Preparação do Cenário Acidental**: Selecionar um cenário realista e preparar todos os detalhes necessários.
- **Definição de Observadores**: Designar pessoas para monitorar e avaliar a execução do simulado.
- **Materiais, Equipamentos e Recursos Humanos**: Garantir que todos os recursos necessários estejam disponíveis e preparados.
- **Avaliação Durante a Execução**: Monitorar o desempenho e coletar dados para análise posterior.

Após a realização do simulado, devem ser elaborados relatórios detalhados com a cronologia e análise crítica do evento. Estes relatórios devem estabelecer planos de ação para as oportunidades de melhoria e pontos fracos identificados, assegurando a melhoria contínua das equipes e recursos envolvidos nas respostas a emergências.

Integração com Programas de Treinamento

Os simulados devem ser incorporados ao programa de treinamentos internos através de um cronograma anual de execução, com cenários acidentais e periodicidade definidos pelos planos de emergência. Ao estabelecer um cronograma e execução de simulados, a organização estará atendendo às exigências da subcláusula 8.2 da Norma NBR ISO 14001:2015, que estabelece que a organização deve:

- **Preparar-se para Emergências**: Planejar ações para prevenir ou mitigar impactos ambientais adversos de situações de emergências.
- **Testar Periodicamente as Ações de Resposta**: Garantir que as ações planejadas sejam testadas regularmente.

Figura 13 - Simulado do plano de área do Complexo Portuário do Porto do Itaqui (ações de contenção e proteção da área de mangue). Fonte: EMAP, 2022.

8. Operações com cargas perigosas

Samara Soares

As operações com cargas perigosas envolvem o manuseio e transporte de substâncias que, devido às suas propriedades químicas, físicas ou biológicas, apresentam riscos para a saúde humana, o meio ambiente e a segurança. Estas operações devem seguir diretrizes e procedimentos específicos, com cuidados especiais e medidas de controle para cada tipo de produto.

8.1 Classificação de Cargas Perigosas

As cargas perigosas podem ser classificadas de acordo com a sua classe de perigo, que abrange perigo físico, perigo à saúde e/ou perigo ao meio ambiente. A Organização Marítima Internacional (IMO) estabeleceu uma classificação de produtos perigosos em 9 classes, baseada no tipo de risco que apresentam. Esta classificação e as diretrizes para o transporte de cargas perigosas são estabelecidas pelo Código IMDG (International Maritime Dangerous Goods Code).

Código IMDG

O Código IMDG é uma norma internacional desenvolvida pela IMO que fornece orientações detalhadas sobre a identificação, embalagem, marcação, rotulagem, documentação e manuseio seguro de cargas perigosas durante o transporte marítimo. Estas diretrizes são aplicáveis a todas as embarcações que transportam cargas perigosas internacionalmente, incluindo navios de carga, petroleiros, embarcações de contêineres e outros tipos de embarcações. O Código IMDG é atualizado regularmente para refletir as últimas normas de segurança e regulamentações internacionais relacionadas ao transporte marítimo de cargas perigosas.

As nove classes estabelecidas pelo IMDG são:

Classe 1 – Explosivos Substâncias que contém uma grande quantidade de energia potencial que pode produzir uma explosão se liberada repentinamente. Esta classe de risco divide-se em 6 (seis) subclasses: 1.1 Substâncias e artefatos com risco de explosão em massa; 1.2 Substâncias e artefatos com risco de projeção; 1.3 Substâncias e artefatos com risco predominante de fogo; 1.4 Substâncias e artefatos que não representam risco significativo; 1.5 Substâncias pouco sensíveis e 1.6 Substâncias extremamente insensíveis.
Classe 2 – Gases Gases inflamáveis que podem causar incêndios e explosões. Esta classe de risco se divide em 3 (três) subclasses: 2.1 gases inflamáveis; 2.2 gases comprimidos não tóxicos e 2.3 gases tóxicos por inalação. Como exemplo de gás inflamável movimentado em portos temos o GLP (Gás Liquefeito de Petróleo).
Classe 3 – Líquidos inflamáveis Líquidos, mistura de líquidos ou líquidos contendo sólidos em solução ou em suspensão, que produzem vapores inflamáveis em determinadas condições de pressão e temperatura. São exemplos de líquidos inflamáveis movimentados em portos: Etanol, Óleo combustível, Diesel S10, Diesel S500, Gasolina, MF 380, MGO, Querosene de Aviação, VLSFO etc.

Classe 4 – Sólidos inflamáveis São um tipo de carga perigosa sensíveis tanto ao calor, como à fricção, por isso podem pegar fogo durante o transporte devido ao atrito. Esta classe de risco se divide em 3 (três) subclasses: 4.1 Sólidos inflamáveis; 4.2 Substâncias passíveis de combustão espontânea e 4.3 Substâncias que, em contato com a água, emitem gases inflamáveis. Como exemplos de sólidos inflamáveis movimentados em portos brasileiros podemos citar o Carvão e Enxofre.
Classe 5 – Substâncias Oxidantes e Peróxidos Orgânicos As substâncias oxidantes liberam oxigênio rapidamente para sustentar a combustão dos materiais orgânicos, sendo relativamente instáveis e reagindo quimicamente com uma grande variedade de produtos. Os peróxidos orgânicos são agentes de alto poder oxidante, são termicamente instáveis e podem sofrer decomposição exotérmica e auto-acelerável, criando o perigo de explosão. Esta classe de risco se divide em 2 (duas) subclasses: 5.1 Substâncias Oxidantes e 5.2 Peróxidos Orgânicos
Classe 6 – Substâncias Tóxicas ou Infectantes Substâncias que representam riscos para a saúde humana por meio do contato direto ou inalação. Esta classe de risco se divide em 2 (duas) subclasses: 6.1 Substâncias Tóxicas e 6.2 Substâncias Infectantes.
Classe 7 – Substâncias Radioativas Substâncias que emitem radiação, exigindo manuseio especializado.
Classe 8 – Substâncias Corrosivas Produtos capazes de causar danos químicos a outros materiais e tecidos. Alguns produtos desta classe movimentados em portos são: soda cáustica, fertilizantes com hidróxido de sódio ou hidróxido de amônio na composição etc.

Classe 9 – Substâncias Perigosas Diversas Nesta classe estão alguns tipos de produtos que não se enquadram nas categorias anteriores de cargas perigosas, porém, são substâncias que oferecem riscos durante o transporte. Exemplo de substâncias perigosas diversas que podem ser evidenciadas em portos podemos citar o óleo queimado retirado da casa de máquinas de navios (sludge).

Tabela 15 - nove classes estabelecidas pelo IMDG

Nos portos, é permitida a movimentação de todas as classes de produtos e mercadorias perigosas. Há cargas, entretanto, que não podem ser mantidas nas áreas de operação de carga e descarga. A NR 29 traz, no item 29.27.17, a relação dessas cargas:

> 29.27.17 As cargas relacionadas a seguir não podem ser mantidas nas áreas de operação de carga e descarga, devendo ser removidas para o armazenamento ou outro destino:
> a) explosivos em geral;
> b) gases inflamáveis (classe 2.1) e venenosos (classe 2.3);
> c) radioativos;
> d) chumbo tetraetila; e) poliestireno expansível;
> f) perclorato de amônia, e
> g) mercadorias perigosas acondicionadas em contêineres refrigerados.

A movimentação das classes e produtos supracitados é permitida apenas em operações de descarga direta para o cais, onde a mercadoria desembarca do navio diretamente sobre um veículo com destino à área secundária da instalação portuária, ou ao embarque direto do cais, onde a mercadoria embarca no navio a partir de um veículo com origem na área secundária.

8.2 Aspectos das operações com cargas perigosas

As operações com cargas perigosas em áreas portuárias devem ser condicionadas às características físico-químicas do produto, à disponibilidade de espaço nas áreas de armazenamento, procedimentos de segregação, e condições das instalações. Isso visa garantir a segurança geral da área e a proteção ao meio ambiente.

Procedimentos Internos
É crucial que a instalação possua procedimentos internos que estabeleçam critérios para a regulamentação do recebimento, armazenamento, embarque, descarga e entrega de cargas perigosas (carga IMO), bem como para o transporte, manuseio e armazenamento de acordo com sua classe, subclasse e grupos de embalagens.

Documentações Necessárias
O recebimento de cargas perigosas deve ser precedido da análise das seguintes documentações:

- **FDS (Ficha de Dados de Segurança)**: De acordo com a ABNT NBR 14725:2023 ou ficha de emergência, em português.
- **Declaração de Mercadoria Perigosa em Trânsito**: Conforme NORMAM-01/DPC ou formulário internacional equivalente (MDGF).
- **Indicação das Cargas Perigosas**: Qualitativa e quantitativamente segundo o Código Marítimo Internacional de Mercadorias Perigosas (IMDG CODE).
- **Tipo de Embalagem e Rotulagem**: Para identificação dos tipos de substâncias e seus riscos.

Documentos complementares podem ser solicitados conforme o modal de transporte, bem como pode ser exigido contrato com empresa habilitada para atuar em caso de incidente ou emergência ambiental durante a permanência da carga no terminal.

Requisitos para Movimentação e Armazenamento

- **Modal Marítimo**: Cargas perigosas somente poderão ser movimentadas, armazenadas e estivadas se estiverem embaladas, sinalizadas e rotuladas de acordo com o Código Marítimo Internacional de Cargas Perigosas (IMDG Code).
- **Modal Terrestre**: Cargas com origem ou destino através de transporte terrestre devem atender às exigências constantes nos anexos da Resolução ANTT nº 5.998/2022, e as embalagens devem ser sinalizadas e rotuladas de acordo com a ABNT NBR 7500:2021.

8.2.1 Manuseio e Armazenamento

O manuseio e armazenamento de produtos perigosos requer controle criterioso, com cuidados e medidas específicas, pessoas devidamente capacitadas, para manter a segurança e proteção ambiental da instalação. As medidas de controle devem ser adotadas de acordo com a classe, subclasse e grupo de embalagem (segregação de acordo com a compatibilidade química). Em caso de emergência, devem ser seguidos os itens descritos na FDS (Ficha de Dados de Segurança) ou Ficha de Emergência.

Área de Armazenamento de Cargas Perigosas (Área IMO)
O armazenamento de cargas perigosas ou especiais exige uma área específica e estruturada para possíveis vazamentos de produtos, chamada de área IMO. Esta área deve possuir:

- **Estrutura de Contenção para Vazamentos**: Com armazenamento intermediário.
- **Sinalização Vertical e Horizontal**: Indicando os riscos da área.
- **Recursos para Emergências**: Sistemas de combate a incêndio, kits de proteção ambiental, etc.

Limitações e Requisitos

- **Volume e Tempo de Estocagem**: Deve ser limitado.
- **Depósitos/Pátios de Cargas Perigosas**: Devem ser isolados e sinalizados com a identificação das classes e tipos dos produtos perigosos armazenados.
- **Disponibilidade das FDS's:** E inventário dos produtos em local visível e de fácil acesso.

Armazenamento

- **Cargas Não Conteinarizadas**: Devem seguir as recomendações de armazenagem disponíveis na Ficha de Dados de Segurança e análise de risco.
- **Cargas Conteinarizadas**: Devem obedecer à tabela de segregação prevista no Anexo V da NR 29.

A Resolução ANTAQ nº 65/2021 traz, no artigo 12 e anexo, algumas diretrizes a serem observadas quanto ao armazenamento de cargas perigosas específicas:

> Art. 12. Os produtos perigosos somente poderão ser armazenados em instalações portuárias em condições adequadas e com os cuidados preventivos dos riscos inerentes a essas cargas, devendo-se observar ainda o seguinte:
> I – a armazenagem de produtos perigosos líquidos e gasosos liquefeitos é regulamentada pela NR 20 e pela NBR 17.505 da ABNT, que versam sobre armazenagem de líquidos inflamáveis e combustíveis;
> II – a armazenagem de substâncias radioativas obedecerá às recomendações da Comissão Nacional de Energia Nuclear (CNEN);
> III – as substâncias da classe 6.2 (substâncias infectantes) só poderão ser armazenadas em instalações portuárias em caráter excepcional e mediante autorização da autoridade em vigilância sanitária;
> IV – os produtos perigosos devem ser armazenados e mantidos de tal forma que não haja interação com outros produtos, cargas ou materiais incompatíveis, em especial alimentos;

> V – os produtos perigosos devem ser objeto de vigilância permanente e inspeção adequada, aplicando-se, no caso de avarias em embalagens, os procedimentos prescritos nos PCE, PEI, PAM e outros que a autoridade portuária, a arrendatária ou o responsável por instalação portuária fora da área do porto organizado determinar;
> VI – os recintos fechados onde se encontrem substâncias tóxicas devem dispor de ventilação forçada, e a armazenagem dessas substâncias deve ser feita mantendo-se sob controle o risco decorrente da presença ou ocorrência de fontes de calor, de faíscas, de possíveis chamas ou de canalização de vapor; e
> VII – para a armazenagem de explosivos, seus iniciadores e acessórios em instalações portuárias é necessária autorização do Exército Brasileiro (EB) e a observância ao disposto na NR 19 – Norma Regulamentadora de Explosivos, do Ministério do Trabalho e Previdência.

Ainda no que concerne às especificidades para operações com alguns tipos de cargas perigosas, a NR 29 traz, nos itens 29.27.19 a 29.27.25, diretrizes para operações com explosivos, gases inflamáveis, sólidos inflamáveis, substâncias oxidantes e peróxidos orgânicos, substâncias tóxicas e infectantes, radioativas e corrosivas.

Todos os trabalhadores envolvidos na operação ou movimentação de cargas perigosas deverão possuir treinamento específico em relação às operações desta natureza, devendo ser capazes de reconhecer os perigos associados aos produtos químicos armazenados e saber como agir em caso de vazamentos, incêndios ou exposições acidentais etc. A NR 29, no item 29.27.6, dispõe sobre conteúdo de treinamento para operação e armazenagem com cargas perigosas:

> 29.27.6 O treinamento para operação e armazenagem com cargas perigosas deve ser de vinte horas e ter o seguinte conteúdo:
> a) classes e seus perigos;
> b) marcação, rotulagem e sinalização;
> c) procedimentos de resposta a emergências;
> d) noções de primeiros socorros;
> e) procedimentos de manuseio seguro;
> f) requisitos de segurança nos portos para carga, trânsito e descarga; e

> g) regulamentação da instalação portuária, em especial, a limitação de quantidade.

Os cuidados preventivos são importantes para o manuseio de cargas perigosas, sobre os quais destaca-se o disposto no artigo 11 da Resolução ANTAQ nº 65/2021:

> Art. 11. No transporte interno ou manuseio de produtos perigosos devem ser observados os seguintes cuidados preventivos:
> I – é vedado lançar no corpo d'água, direta ou indiretamente, substâncias resultantes dos serviços de limpeza e tratamento de vazamentos de produtos perigosos, exceto quando houver previsão no licenciamento ambiental da atividade;
> II – os produtos perigosos cujas embalagens apresentem indício ou risco de vazamento devem, por precaução, ser removidos para áreas destinadas a tal finalidade, dentro do porto organizado ou fora dele, disponibilizadas ou autorizadas pela autoridade portuária ou responsável pela instalação pertinente, contendo as condições de segurança e saúde ocupacional, preservação da integridade física das instalações portuárias e proteção do meio ambiente adequadas; e
> III – somente podem transitar por instalações portuárias produtos perigosos que estiverem de acordo com as normas vigentes, em adequadas condições de transporte e manuseio, observadas as características de cada produto e seu regramento pela legislação nacional e internacional.

O manuseio seguro de produtos perigosos é crucial para garantir a segurança dos funcionários e a proteção do meio ambiente, minimizando os riscos de acidentes, vazamentos e exposições perigosas.

8.3 Procedimentos de emergência

A instalação portuária deve possuir procedimentos e planos de emergência específicos para resposta a incidentes envolvendo cargas perigosas ou produtos químicos, incluindo vazamentos, incêndios ou exposição acidental.

Ações em Caso de Vazamento de Produto Perigoso

1. **Remoção Segura**: Em caso de vazamento, a unidade com o produto perigoso pode ser removida, se for seguro, para o pátio de carga IMO ou uma área específica para produtos perigosos, equipada com o devido sistema de contenção.
2. **Análise de Remoção e Ações de Isolamento**: A decisão sobre a remoção e as demais ações de isolamento e contenção do produto perigoso deve considerar as informações contidas na Ficha de Dados de Segurança (FDS). O manuseio da carga deve ser realizado por uma equipe de emergência especializada.

Identificação do Produto
A identificação do produto é essencial para a execução de ações de resposta eficazes, já que cada substância requer métodos específicos de contenção. A correta identificação permitirá a avaliação dos riscos e a escolha adequada dos Equipamentos de Proteção Individual (EPIs) a serem utilizados pela equipe de emergência. Para a identificação do produto, devem ser consultados:

- Painéis de Segurança
- Rótulos de Risco
- Embalagens
- Notas Fiscais

Importância da Ficha de Dados de Segurança (FDS)
A Ficha de Dados de Segurança (FDS) é um documento crucial que fornece informações detalhadas sobre as propriedades e os riscos associados a substâncias químicas. As informações da FDS são fundamentais para:

- **Avaliação dos Riscos**: Identificar os perigos e os potenciais efeitos adversos à saúde e ao meio ambiente.
- **Medidas de Proteção**: Determinar os EPIs necessários para manuseio seguro.

- **Procedimentos de Contenção e Limpeza**: Estabelecer as ações específicas para contenção e limpeza em caso de vazamento.

Equipamentos de Proteção Individual (EPIs)

A escolha dos EPIs deve ser baseada nas características específicas do produto químico envolvido. A FDS fornece orientações sobre os tipos de proteção necessários, que podem incluir:

- Luvas e Vestimentas Resistentes a Produtos Químicos
- Máscaras e Respiradores
- Proteção Ocular

Procedimentos de Isolamento e Contenção

1. **Isolamento da Área**: A área afetada deve ser isolada imediatamente para evitar a exposição de pessoas não autorizadas.
2. **Sistema de Contenção**: Utilização de barreiras e sistemas de contenção adequados para evitar a dispersão do produto.
3. **Notificação e Comunicação**: Informar imediatamente as autoridades competentes e seguir os procedimentos de comunicação estabelecidos nos planos de emergência.

Ações Específicas para Diferentes Tipos de Incidentes

- **Vazamentos**: Procedimentos para contenção e limpeza, com base nas informações da FDS.
- **Incêndios**: Ações de combate ao fogo utilizando métodos adequados ao tipo de produto químico envolvido.
- **Exposição Acidental**: Primeiros socorros e atendimento médico conforme indicado na FDS.

A preparação e a implementação de procedimentos e planos de emergência robustos são essenciais para garantir uma resposta eficaz a incidentes envolvendo cargas perigosas em áreas portuárias. A identificação precisa dos produtos, o uso adequado de EPIs e a aplicação das informações da FDS são fundamentais para a segurança dos trabalhadores e a proteção do meio ambiente.

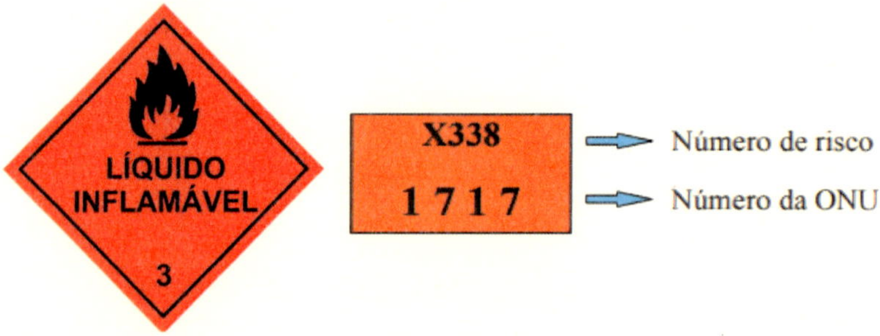

Figura 14 - Rótulo de risco (Classe 3 – Líquido Inflamável) e Painel de Segurança.

Uma vez que o produto tenha sido identificado, suas propriedades podem ser determinadas utilizando-se materiais de referência, como a própria Ficha de Dados de Segurança (FDS), o Manual para Atendimento a Emergências com Produtos Perigosos da Associação Brasileira da Indústria Química (ABIQUIM) ou o Manual de Produtos Químicos da Companhia Ambiental do Estado de São Paulo (CETESB).

Após a identificação, o isolamento do local e a análise de riscos da substância envolvida no incidente, devem ser estabelecidas as chamadas zonas de controle, as quais auxiliam na resposta à ocorrência de forma organizada e segura. As zonas de atendimento são uma metodologia essencial na resposta a ocorrências com produtos químicos, uma vez que reduzem a contaminação de pessoas e equipamentos, controlando e direcionando as operações e movimentos do incidente.

O estabelecimento das zonas de controle é baseado no monitoramento do incidente, considerando-se a topografia do terreno e a direção do vento. As equipes de emergência devem acessar o interior das zonas de controle exclusivamente através dos pontos de acesso, contribuindo para a manutenção da ordem e controle e prevenindo a contaminação em áreas vizinhas.

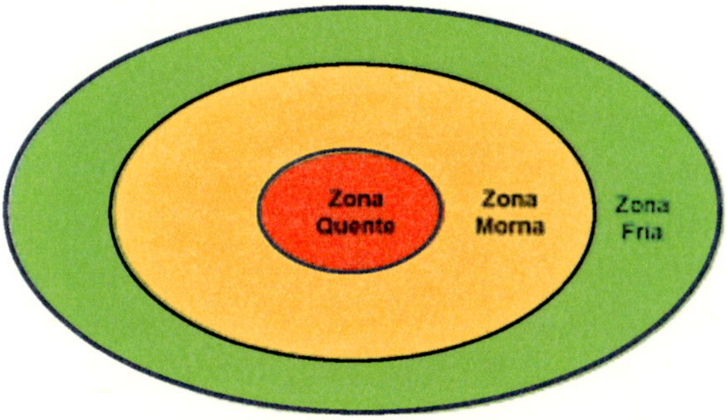

Figura 15 - Zonas de controle

Após toda a análise do cenário acidental, a equipe de emergência deverá proceder com o estancamento do vazamento, caso possível, e a contenção do produto utilizando cordões, mantas absorventes, bandejas ou outros dispositivos. Com o controle do vazamento e a contenção realizada, deve-se efetuar a limpeza e remoção de todo o material utilizado, a descontaminação da equipe e o acondicionamento do resíduo de acordo com as diretrizes da Ficha de Dados de Segurança (FDS).

8.3.1 Estrutura para resposta a emergências

As áreas de armazenamento de cargas perigosas devem possuir um sistema de combate a incêndio adequado às classes de riscos movimentadas no local, como extintores de pó químico, sistemas de espuma e sistemas de água, além de chuveiros de emergência com lava-olhos para a descontaminação de pessoas em caso de acidentes, em conformidade com os requisitos mínimos da ABNT NBR 16291:2014.

Devem ser disponibilizados também recursos e equipamentos para a contenção de vazamentos, Equipamentos de Proteção Individual (EPIs) especiais para as equipes de resposta (trajes de proteção níveis A, B, C e D, equipamentos de proteção respiratória etc.), e kits de proteção ambiental das linhas verde e cinza, adequados para a absorção e contenção de produtos químicos agressivos, como ácidos, bases, óleos solúveis em água e qualquer outro tipo de produtos químicos não identificados, dimensionados e distribuídos de acordo com os volumes de produtos movimentados.

É imprescindível a promoção de treinamentos específicos para as equipes que atuam neste tipo de emergência, entre os quais podemos citar o HAZMAT (abreviação do inglês hazardous materials), que abrange procedimentos padrões, tipos de equipamentos que transportam produtos químicos, transferências, avaliação dos cenários de acidente, entre outros temas, visando atender às ocorrências de maneira mais eficiente.

9. Fiscalização ambiental portuária

Jéssica Galvão
Samara Soares
Juliana Holanda

A fiscalização ambiental em áreas de portos públicos é uma atividade que busca garantir o cumprimento das leis e regulamentos ambientais nos portos, visando proteger o meio ambiente marinho e terrestre, bem como a saúde pública. Essa fiscalização abrange diversos aspectos relacionados às operações portuárias que podem ter impactos ambientais, tais como descarte de resíduos, emissões atmosféricas, controle de poluição da água e conservação da biodiversidade. Em portos públicos, essa fiscalização é responsabilidade da autoridade portuária.

A atividade de fiscalização vai além das operações portuárias, abrangendo a verificação de todos os itens que compõem um porto organizado, incluindo as atividades e impactos causados por arrendatárias ou cessionárias, obras de construção, manutenções realizadas e serviços prestados a embarcações.

A principal ferramenta utilizada para a execução de fiscalizações ambientais em portos deve ser a regulamentação e legislação ambiental, como as convenções internacionais que estabelecem padrões e regulamentos para operações portuárias, incluindo cargas perigosas. Um exemplo é a Convenção MARPOL (Prevenção da Poluição por Navios), que aborda questões como descarte de resíduos, emissões atmosféricas e descarga de óleo e substâncias nocivas no mar.

Outro papel fundamental é desempenhado pelas autoridades regulamentadoras, como a Agência Nacional de Transportes Aquaviários (ANTAQ), a Agência Nacional de Vigilância Sanitária (ANVISA) e o Ministério da Agricultura e Pecuária (MAPA). Essas entidades fornecem subsídios para a execução de fiscalizações, como regras e sanções para operadores e arrendatárias, regras para retirada de resíduos de embarcações e outras regulamentações.

É importante que a autoridade portuária deixe claro para as empresas fiscalizadas quais são as regras, sanções e penalidades, incluindo multas, suspensão de licenças e até mesmo ações legais contra os responsáveis pelas infrações. Além do processo de fiscalização e controles cabíveis, é necessário implantar e implementar ações de educação ambiental, buscando a conscientização de todos os envolvidos nas operações portuárias, como arrendatários, cessionários, usuários e stakeholders.

9.1 Tipos de Fiscalização em Zona Portuária

É comum acreditar que, dentro de uma realidade portuária, as fiscalizações sejam voltadas apenas para as operações portuárias. Porém, a autoridade portuária desempenha um papel crucial na fiscalização e regulamentação das atividades dentro do porto. Suas responsabilidades incluem garantir a segurança das operações, promover a conformidade com regulamentos e normas, e facilitar o fluxo eficiente de cargas e navios.

A autoridade portuária deve proteger o meio ambiente marinho e costeiro, garantindo que as operações portuárias sejam realizadas de forma sustentável e em conformidade com as regulamentações ambientais. Isso envolve a implementação de medidas para prevenir a poluição da água e do ar, o gerenciamento de resíduos e a mitigação dos impactos ambientais das atividades portuárias.

Além da fiscalização de operações para fins de conformidade ambiental, a autoridade portuária deve executar as seguintes fiscalizações:

a) Fiscalização de Obras

A execução de obras dentro da realidade portuária requer uma fiscalização diferenciada, considerando as regulamentações e os riscos inerentes à atividade. Pode haver pequenas obras que requerem menos cuidado, como a manutenção de prédios e vias, e grandes obras que demandam cuidados mais complexos, como a construção de berços e piers ou a instalação de estruturas operacionais (carregadores de navios, correias transportadoras etc.).

Para obras potencialmente poluidoras, cabe à autoridade portuária a solicitação e acompanhamento do licenciamento ambiental e de estudos ambientais para controle de eventuais impactos e execução de monitoramentos. Pequenas obras podem estar incluídas na licença de operação do porto, facilitando a execução e o acompanhamento dos controles e monitoramentos ambientais, conforme regras estabelecidas pelo órgão ambiental competente.

É crucial mapear e cumprir os requisitos legais aplicáveis à atividade, incluindo resoluções do CONAMA que tratam de licenciamento ambiental, bem como portarias, leis e decretos estaduais e municipais sobre autorizações de supressão de vegetação, manejo do solo, captura ou afugentamento de fauna, lançamento de efluentes e outros temas.

Outro fator determinante para a fiscalização ambiental de obras no setor portuário é o levantamento de aspectos e impactos ambientais dessas atividades, considerando a complexidade, porte, localização e outros fatores. Sobre a execução propriamente dita das obras, é importante que a autoridade portuária fiscalize os canteiros de obras, a geração e destinação de resíduos, o uso e armazenamento de produtos químicos, o abastecimento de equipamentos, o lançamento de efluentes e outros aspectos e impactos ambientais relacionados à execução das obras.

No acompanhamento e fiscalização ambiental de obras, um dos principais impactos ambientais verificados é a geração de resíduos. Assim, serão necessárias medidas adotadas para minimizá-la e garantir sua correta destinação. Em alguns casos, a gestão desse tipo de resíduos não possui alternativas para destinação final adequada no município de sua geração, como é o caso dos resíduos classificados como classe A, conforme descrito na Resolução CONAMA 307/2002:

> Art. 3: Resíduos reutilizáveis ou recicláveis como agregados: a) de construção, demolição, reformas e reparos de pavimentação e de outras obras de infra-estrutura, inclusive solos provenientes de terraplanagem; b) de construção, demolição, reformas e reparos de edificações: componentes cerâmicos (tijolos, blocos, telhas, placas de revestimento etc.), argamassa e concreto; c) de processo de fabricação e/ou demolição de peças pré-moldadas em concreto (blocos, tubos, meios-fios etc.) produzidas nos canteiros de obras.

Para esses tipos de resíduos, é crucial que a autoridade portuária incentive a destinação correta por meio de reaproveitamento em outras obras ou doação para cooperativas e empresas previamente habilitadas e licenciadas, quando cabível.

Outros controles necessários a serem implantados pela executora da obra e fiscalizados pela autoridade portuária incluem os controles de particulados, sendo necessária a umectação de canteiros e vias para evitar impactos na saúde dos trabalhadores e das comunidades do entorno.

É importante enfatizar a preservação e conservação da biodiversidade marinha e costeira durante as obras portuárias, evitando danos aos habitats naturais, como manguezais, recifes de coral e áreas de reprodução de espécies marinhas. Todos os cuidados implantados devem ter como objetivo principal a execução de obras com o mínimo impacto no meio ambiente e nas comunidades direta e indiretamente afetadas.

b) Fiscalização de Arrendatárias e Cessionárias

Outra importante fiscalização ambiental em área portuária é a realizada em áreas arrendadas e concedidas, ou seja, empresas atuantes dentro da poligonal de um porto organizado.

Segundo a Lei Nº 12.815/2013, Lei dos portos, no artigo 2°:

> XI - arrendamento: cessão onerosa de área e infraestrutura públicas localizadas dentro do porto organizado, para exploração por prazo determinado; IX - concessão: cessão onerosa do porto organizado, com vistas à administração e à exploração de sua infraestrutura por prazo determinado;

Assim, cabe à autoridade portuária, responsável pela administração do porto, estabelecer regras para a conformidade ambiental das atividades executadas nas áreas cedidas ou arrendadas, conforme previsto nas cláusulas contratuais de arrendamento ou cessão e nos requisitos legais aplicáveis à atividade. De fato, à luz da Lei dos Portos, cabe à autoridade portuária "cumprir e fazer cumprir as leis, os regulamentos e os contratos de concessão" (Artigo 17, Lei 12.815/2013).

Indica-se que estas fiscalizações sejam realizadas regularmente, incluindo a parte documental e visitas ao local arrendado ou cedido, visando garantir a regular execução dos contratos pactuados e zelando pelo cumprimento das normas de segurança, meio ambiente e serviço médico. No que tange às questões ambientais, o objetivo principal é fiscalizar as instalações e áreas portuárias arrendadas com foco nas normas ambientais e analisar a documentação apresentada pela empresa, pertinente à área ambiental.

Para o início destas fiscalizações, a autoridade portuária deve levantar as documentações obrigatórias baseadas nas normas, legislações ambientais e procedimentos vigentes na área do porto organizado. É interessante que sejam solicitadas previamente às empresas as documentações a serem apresentadas, levando-se em consideração os tipos de atividades realizadas. Alguns exemplos de documentações que podem ser solicitadas incluem:

- Licenças ambientais expedidas pelo órgão ambiental competente, assim como comprovação de atendimentos às condicionantes;
- Plano de Gerenciamento de Resíduos Sólidos (atualizado);
- Comprovantes de controle de vetores e pragas;
- Documentos ou procedimentos que comprovem a gestão de obras dentro da área em questão;
- Comprovação de execução de práticas ambientais;
- Planos de emergência;
- Execução de monitoramentos ambientais, conforme estabelecido nas condicionantes das licenças.

As fiscalizações aos terminais arrendados e cedidos devem incluir áreas e atividades como, por exemplo:

- Gestão e gerenciamento de resíduos e líquidos;
- Possíveis obras e seus controles estabelecidos;
- Gestão de produtos químicos, armazenamento, sinalização, manuseio, entre outros;
- Práticas de educação ambiental (mesmo não sendo obrigatória por lei, é de suma relevância que as instalações estejam cientes da importância dessas práticas);
- Verificação de práticas de controle de vetores, monitoramento de particulados, entre outros;
- Preparação para resposta a emergências ambientais dentro da área, entre outros.

Tais fiscalizações devem ser realizadas de forma a garantir um controle efetivo tanto para a autoridade portuária quanto para os órgãos regulatórios e para a própria empresa fiscalizada. Portanto, é imprescindível a elaboração de relatórios contendo informações e descrições das análises efetuadas, incluindo:

- Conformidades;
- Pontos de melhorias;

- Não conformidades (pontos que estão em desacordo com as normas, leis e procedimentos da autoridade portuária, com o estabelecimento de prazo para atendimento e preparação da área para atender este requisito legal).

Como esta fiscalização está em consonância com as resoluções da ANTAQ, como a Resolução n° 75/2022, que dispõe sobre a fiscalização da prestação dos serviços portuários e estabelece infrações administrativas, o não atendimento das regras estabelecidas pode gerar infrações indicadas na referida norma. Entre outras, pode-se citar o artigo 35: "XII - causar, em decorrência de uso indevido ou inobservância de normas de segurança, dano a equipamento ou instalação portuária".

c) Fiscalização das Operações Portuárias

As fiscalizações ambientais das operações devem ocorrer de acordo com as normas estabelecidas pela autoridade portuária, englobando toda a área alfandegada onde ocorrem as operações de carga e descarga e atividades correlatas (de armazenamento, estocagem e transporte, por exemplo). As operações portuárias podem ter uma variedade de impactos ambientais, tanto no meio ambiente marinho quanto terrestre. O principal objetivo da autoridade portuária na questão de fiscalização das operações é diminuir ou mitigar os impactos causados. Assim, as fiscalizações devem levar em conta:

- O controle de licenças e condicionantes ambientais;
- O levantamento dos requisitos legais aplicáveis, ou seja, normas, leis e decretos ambientais voltados para portos que estabeleçam subsídios e suportes para as fiscalizações;
- As regras e procedimentos para que as operações portuárias ocorram de forma sustentável.

Alguns itens que podem ser verificados dentro de uma operação portuária incluem:

- Emissão de particulados: Algumas cargas de granéis sólidos podem alterar a qualidade ambiental do ar; a inspeção visual deste item pode diminuir os resultados dos monitoramentos;
- Controle de fumaça preta: Identificar máquinas e veículos que podem estar emitindo fumaça preta é um recurso visual que pode ajudar no controle da qualidade do ar;
- Queda de produtos ou resíduos no mar: Um risco existente na maioria dos portos que pode ser controlado através das fiscalizações, como o uso de barreiras físicas entre o navio e o cais, inspeções visuais ou execução de manutenções nas tubulações de granéis líquidos;
- Gestão de resíduos operacionais: Esse controle, apesar de ser feito pelas operadoras portuárias, cabe à autoridade portuária verificar a execução a partir de procedimentos estabelecidos;
- Limpeza durante e após a finalização das operações: Esse controle requer que restos de cargas possam ser escoados para canaletas e corpo hídrico;
- Gestão ambiental de máquinas e equipamentos portuários: Planejamento, organização e controle de manutenções com o intuito de evitar, por exemplo, emissão de fumaça preta e vazamento de produtos químicos ou óleo;
- Levantamento de ocorrências ambientais: A empresa deve estabelecer regras e parâmetros para ter o controle e o devido atendimento de incidentes e ocorrências ambientais;
- Estrutura de resposta a emergências ambientais: Disponibilidade de recursos e equipamentos para resposta a emergências ambientais. De acordo com a natureza da operação, deve ser verificada ainda a existência de contrato de prontidão ambiental;
- Serviços de bordo do navio: Esta fiscalização ambiental é direcionada para a retirada de resíduos das embarcações e gestão de produtos químicos que podem ser fornecidos.

9.2 Controles utilizados para Fiscalização Ambiental

Levantadas as regras a serem seguidas pelos operadores, arrendatários ou contratadas, a autoridade portuária deverá definir os instrumentos necessários para a verificação dos requisitos definidos. Sugere-se:

- Utilização de relatórios padronizados contendo a descrição e medidas corretivas para as não conformidades encontradas;
- Utilização de relatórios ou aplicativos para registrar ocorrências ambientais;
- Estabelecimento de regras entre a ANTAQ e a Autoridade Portuária para casos de situações recorrentes ou graves, sugerindo a criação de termos ou relatórios contendo informações detalhadas das infrações cometidas.

Alguns órgãos ambientais estabelecem nas condicionantes ou em normas específicas a obrigatoriedade de as empresas comunicarem as ocorrências ambientais. Um exemplo desse instrumento de controle é o Sistema Nacional de Emergências Ambientais – Siema do Ibama, estabelecido conforme a Instrução Normativa 15, de 06 de outubro de 2014, sendo obrigatório para a comunicação de ocorrências ambientais.

Sugere-se que, para a gestão de ocorrências ambientais, seja realizada uma investigação com o objetivo de identificar as causas do incidente e estabelecer planos de ação capazes não só de corrigir os impactos, mas também de prevenir recorrências.

Para a manutenção desses controles operacionais, é de suma importância o estabelecimento de ações de educação ambiental com todos os usuários dos portos através de programas voltados para os trabalhadores das obras portuárias, comunidades locais e demais partes interessadas, visando aumentar a conscientização sobre a importância da proteção ambiental e apoio aos controles elaborados pela autoridade portuária.

10. Educação ambiental

Luane Lemos

A educação ambiental é um processo que visa promover a conscientização e o entendimento das questões ambientais, estimulando ações individuais e coletivas que contribuam para a preservação e melhoria do meio ambiente. Envolve o desenvolvimento de conhecimentos, habilidades, atitudes e valores que capacitam as pessoas a compreenderem a interdependência entre os seres humanos e o ambiente natural, bem como a agirem de forma responsável e sustentável em relação ao meio ambiente.

A educação ambiental pode ocorrer em diversos contextos, incluindo escolas, comunidades, organizações não governamentais, empresas e mídia, e pode abordar uma ampla gama de temas, como conservação de recursos naturais, mudanças climáticas, biodiversidade, poluição, consumo consciente e práticas sustentáveis de desenvolvimento.

Dentro do Sistema de Gestão Ambiental, a educação ambiental serve como instrumento de comunicação e capacitação de funcionários e partes interessadas, além de promover o engajamento e a construção de projetos em cooperação. Por meio da educação ambiental, os funcionários são capacitados a entenderem não apenas a complexidade dos problemas ambientais enfrentados, mas também a identificarem oportunidades de ação positiva. Ao compreenderem como suas atividades cotidianas afetam o meio ambiente, os funcionários se tornam mais conscientes de seu papel como agentes de mudança dentro da organização.

Além disso, a educação ambiental promove o desenvolvimento de habilidades e competências essenciais para a implementação de práticas sustentáveis no local de trabalho. Isso inclui desde o conhecimento técnico sobre gestão ambiental até habilidades interpessoais necessárias para promover uma cultura de colaboração em torno de questões ambientais. Ao promover uma compreensão compartilhada dos valores da empresa, a educação ambiental cria um senso de propósito e identidade coletiva que inspira os funcionários a agirem em prol dos objetivos estratégicos.

Do mesmo modo, a educação ambiental desempenha um papel estratégico crucial na comunicação e no relacionamento das empresas com a comunidade local e partes interessadas. Ao fornecer informações e promover o diálogo sobre questões ambientais, as empresas podem construir relacionamentos mais sólidos e transparentes com a comunidade, estabelecendo uma base de confiança mútua e colaboração.

Com o uso de educação ambiental não formal, as empresas têm a oportunidade de envolver ativamente a comunidade em discussões sobre temas ambientais relevantes, ouvindo suas preocupações, compartilhando informações e buscando soluções em conjunto. Isso pode incluir a realização de workshops, palestras e programas educacionais voltados para a comunidade, bem como o apoio a iniciativas locais de educação ambiental e conservação.

Ao envolver a comunidade em suas iniciativas de educação ambiental, as empresas podem construir uma reputação positiva, promovendo a sustentabilidade em nível local e regional. A própria Política Nacional de Educação Ambiental estabelece que cabe "às empresas, entidades de classe, instituições públicas e privadas, promover programas destinados à capacitação dos trabalhadores, visando à melhoria e ao controle efetivo sobre o ambiente de trabalho, bem como sobre as repercussões do processo produtivo no meio ambiente" (Lei nº 9.795/99, art. 3º inciso V).

Portanto, trabalhar a educação ambiental nos sistemas de gestão ambiental portuários é de suma importância para o alcance do público interno e externo. As atividades, como as operações portuárias, que possuem constante interface com as comunidades vizinhas, dependem de programas de educação ambiental robustos para realizar tanto a aproximação com a comunidade quanto o controle de eventuais desafios sociais que a atividade pode trazer.

Assim, a organização pode utilizar seus Programas de Educação Ambiental para comunicar temas diversos para o seu público de colaboradores, da comunidade portuária e da sociedade em geral, demonstrando transparência e engajamento na gestão ambiental.

Nesse capítulo, vamos compreender como esses programas devem ser estruturados e quais as vantagens e benefícios da aplicação sistematizada de um programa de educação ambiental.

10.1. Educação ambiental: conceito e aspectos

De acordo com o ambientalista, educador e autor David Orr, que escreveu extensivamente sobre educação ambiental, sustentabilidade e a importância da alfabetização ecológica na formação de cidadãos conscientes, a crise ambiental é, em última instância, uma crise de educação. Ele defende que a forma como educamos as pessoas influencia diretamente na maneira como elas interagem com o mundo natural. Portanto, a alfabetização ecológica, ou seja, a compreensão das interconexões entre os seres humanos, a natureza e a sociedade, é fundamental para capacitar as pessoas a agirem de forma responsável e ética em relação ao meio ambiente.

Se a educação ambiental é essencial para capacitar as pessoas a compreenderem e agirem de forma eficaz diante dos desafios ambientais, ela deve ir além da transmissão de informações e incluir a promoção de valores, atitudes e habilidades que levem a um comportamento mais responsável e sustentável em relação ao meio ambiente. Além disso, Orr argumenta que a alfabetização ecológica não é apenas uma questão de educação formal, mas deve ser integrada em todas as esferas da sociedade, incluindo a política, os negócios, a mídia e a cultura. Ele acredita que é fundamental envolver todas as partes interessadas na promoção da educação ambiental e na busca por soluções para os desafios ambientais.

10.1.1 Educação Ambiental Formal, Não Formal e Difusa

Com base nesses conceitos e nas construções doutrinárias e normativas, é possível estabelecer três modelos de educação ambiental: formal, não formal e difusa.

Educação Ambiental Formal

A educação ambiental formal refere-se à educação estruturada e sistematizada que ocorre dentro do sistema educacional formal, como escolas, universidades e instituições de ensino. Desenvolvida no âmbito dos currículos das instituições de ensino públicas e privadas, é planejada e organizada de acordo com um currículo estabelecido, incluindo aulas específicas sobre temas ambientais, disciplinas relacionadas ao meio ambiente e programas educacionais formais. Exemplos incluem disciplinas acadêmicas como ciências ambientais, biologia, geografia e educação ambiental como matéria específica em diferentes níveis de ensino.

Educação Ambiental Não Formal

A educação ambiental não formal (ou informal) refere-se às ações e práticas educativas voltadas à sensibilização da coletividade sobre as questões ambientais e à sua organização e participação na defesa da qualidade do meio ambiente (Lei nº 9.795/99, art. 13). Ela ocorre em contextos não curriculares, mas pode ser realizada inclusive com a participação de escolas. São mais comuns no formato de campanhas ou projetos ambientais que visam construir hábitos ou debater temas de relevância ambiental junto à sociedade.

Educação Ambiental Difusa

A educação ambiental difusa refere-se à disseminação informal e não estruturada na sociedade, por meio de diferentes canais de comunicação e interação social. Acontece de maneira ampla e dispersa na sociedade, muitas vezes sem ser reconhecida como educação ambiental formal ou informal, envolvendo trocas de conhecimento em contextos do cotidiano. Exemplos incluem conversas informais entre amigos e familiares sobre questões ambientais, postagens em redes sociais sobre ativismo ambiental, participação em eventos comunitários que envolvem práticas sustentáveis e a disseminação de informações sobre meio ambiente por meio de mídias de massa.

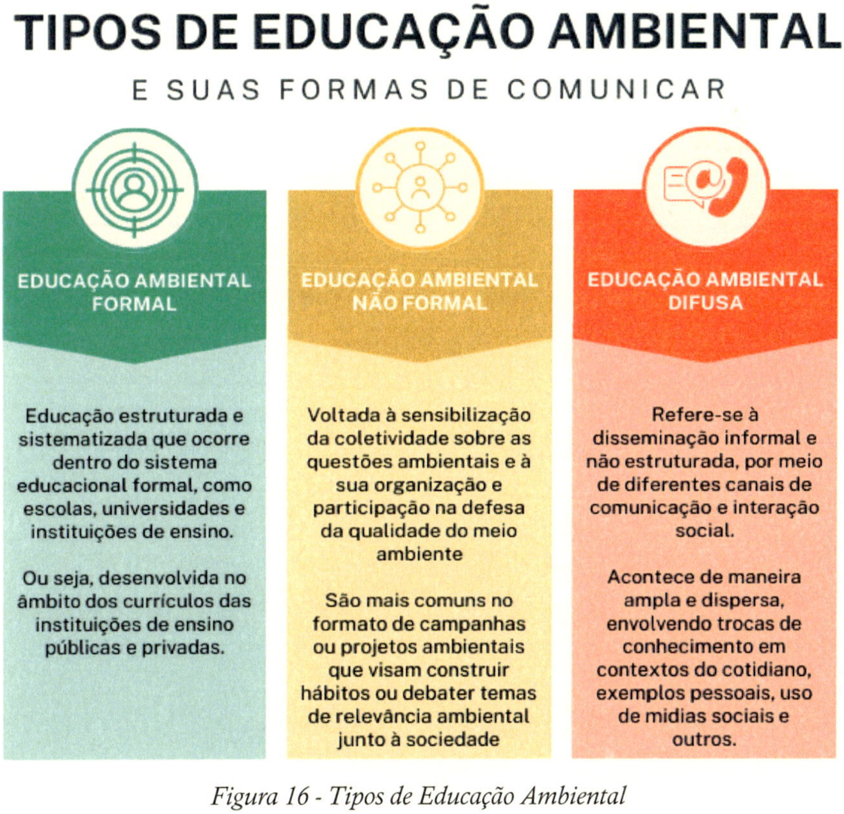

Figura 16 - Tipos de Educação Ambiental

Geralmente, a construção de uma cultura de sustentabilidade nas empresas fomenta a educação ambiental difusa dentro e fora da organização. O funcionário que, por exemplo, deixa de usar copos plásticos e adota uma garrafa de água, fazendo disso um hábito de vida (na academia, em sala de aula, em reuniões ou viagens externas), acaba influenciando e educando outras pessoas pelo seu exemplo. O engajamento e o exemplo são, portanto, algumas das maiores fontes de educação ambiental difusa.

No Programa de Educação Ambiental das instalações portuárias, sugere-se apontar qual tipo de educação ambiental será utilizada para a execução dos diversos projetos. Para compreender a estruturação de Programas e Projetos, veja o capítulo sobre Gestão Ambiental.

É possível, por exemplo, desenvolver parcerias para ministrar palestras em escolas ou universidades sobre resultados e controles de monitoramentos ambientais, utilizando espaços curriculares e por meio de educação ambiental formal.

Ou ainda, mais frequentemente, desenvolver projetos de educação ambiental não formal voltados para a construção de hábitos de segregação de resíduos junto aos funcionários da empresa ou da comunidade portuária como um todo. Exemplos incluem projetos de plantio de árvores junto às comunidades ou ações de educação ambiental durante o mês do meio ambiente.

Com efeito, é na educação ambiental não formal que reside a maior parte das atividades. Todavia, é possível definir, por fim, objetivos e metas a serem alcançados por meio da educação ambiental difusa, pautada na comunicação de modo geral, como a exposição de compromissos ambientais em relatórios da empresa ou por meio das redes sociais.

De todo modo, estabelecer a metodologia e os meios pelos quais os programas, projetos e metas serão desenvolvidos colabora para o desenvolvimento de estratégias eficazes e maior alcance das ações. Definir o público-alvo e os assuntos a serem comunicados ou hábitos a serem desenvolvidos são cruciais para o planejamento das ações, como veremos a seguir.

10.1.2. Definindo públicos para a educação ambiental

Outro aspecto indispensável da construção de Programas de Educação Ambiental é a definição do público-alvo das campanhas e projetos. Este público, via de regra, é definido conforme a necessidade de comunicação e/ou construção de hábitos.

Em termos práticos, a definição de um Programa de Educação Ambiental deve seguir o planejamento estratégico da organização ou do seu Núcleo Ambiental. É possível estabelecer o que deve ser comunicado e para quem, a partir da análise da política, objetivos e metas estabelecidos; das necessidades das partes interessadas; da identificação de riscos e oportunidades ligadas aos processos da empresa; e dos respectivos aspectos e impactos ambientais mapeados.

Por exemplo, se na política da empresa for estabelecido que ela se compromete com o consumo consciente de recursos naturais e seus objetivos e indicadores apontam para a redução do consumo de energia e água, o Programa de Educação Ambiental pode abranger um público prioritário (funcionários da empresa) e um público eventual (terceiros, contratados, clientes, fornecedores, consumidores) que contribuem, mesmo que indiretamente, para o consumo de água e energia.

- **Público Prioritário (Funcionários):** Pode ser alcançado por meio de campanhas de educação ambiental não formal, como diálogos semanais, palestras, campanhas lúdicas na semana de meio ambiente, e-mails ou mensagens diretas, entre outros.
- **Público Eventual (Comunidade Portuária, Clientes, Terceirizados, Participantes do Programa de Visitas do Porto, etc.):** Pode ser alcançado por meio de ações de educação ambiental difusa, como avisos e adesivos próximos a interruptores, cartazes espalhados pela empresa, ou pelo exemplo e orientação dos próprios funcionários já treinados.

Portanto, definir o público-alvo de cada campanha é essencial para estabelecer as estratégias necessárias para alcançá-los. Dependendo do perfil de cada público e do conteúdo que precisa ser "ensinado" ou construído, o Núcleo Ambiental pode traçar as metodologias e estratégias que serão adotadas.

Não raro, os temas a serem abordados pela educação ambiental precisam de várias estratégias diferentes, uma vez que não se constroem hábitos nem se alteram culturas sem a devida persistência.

Para isso, os Programas de Educação Ambiental podem estabelecer vários projetos ou campanhas diferentes para abordar o mesmo assunto, formando o conhecimento e o comportamento por meio da reiteração da informação. A diversificação também é importante para alcançar tipos diferentes de públicos e perfis. Algumas pessoas assimilam informações de forma visual, mas outras reagem melhor a metodologias mais lúdicas. Diversificar, portanto, pode ser a chave para alcançar os objetivos esperados com a educação ambiental.

Por fim, vale ressaltar que a identificação do público-alvo da educação ambiental geralmente está relacionada ao objetivo que se pretende alcançar. Assim, se o objetivo estiver relacionado com ações e resultados internos da organização, o público será seus próprios colaboradores. Mas se a intenção é comunicar as ações da empresa para a sociedade em geral, ou ainda, contribuir para o debate ambiental na comunidade circunvizinha ou com visitantes, então as campanhas devem ser direcionadas a este público.

Em um ambiente portuário, portanto, podemos estabelecer três tipos de públicos diferentes para as ações de educação ambiental:

Públicos da Educação Ambiental Portuária

Figura 17 - Públicos da Educação Ambiental

Propor um Programa de Educação Ambiental que congregue todos os parceiros para realização de projetos em comum pode ser uma boa alternativa para reduzir custos e potencializar resultados.

10.2. Elaborando um Programa de Educação Ambiental

O desenvolvimento de programas de educação ambiental requer uma abordagem cuidadosa e estruturada para garantir sua eficácia. É necessário levar em consideração os aspectos estabelecidos acima, desde a identificação de problemas e definição de objetivos até a escolha de metodologias e público a ser alcançado.

Etapas para Elaboração de um Programa de Educação Ambiental

1. Diagnóstico Inicial

Se sua empresa ou organização não possuir um Sistema de Gestão Ambiental implantado, onde já se tenha mapeado os riscos e oportunidades de sua atividade, além de aspectos e impactos ambientais que devem ser controlados, o primeiro passo é realizar uma avaliação inicial para identificar as necessidades, os problemas ambientais e os públicos-alvo do programa. Isso pode envolver a realização de pesquisas, reuniões e análises para entender o contexto local e as questões ambientais relevantes que podem ser abordadas por meio de educação ambiental.

O ideal é que este diagnóstico identifique os riscos internos e externos que podem impactar sua atividade.

- **Riscos Internos:** Falta de cultura de sustentabilidade dos colaboradores, falta de investimento em projetos ambientais, ausência de informação para tomada de decisões.
- **Riscos Externos:** Alterações decorrentes de mudanças climáticas, escassez de matéria-prima, impactos sobre cargas decorrentes de agronegócio.

Além dos riscos, é necessário mapear oportunidades, que devem ser potencializadas dentro dos programas. Por exemplo, se um porto for rota de baleias ou golfinhos, é uma boa oportunidade para trabalhar educação ambiental com a comunidade do entorno e com escolas.

Portanto, o mapeamento deve ser o ponto de partida para definir quais resultados o Programa quer de fato alcançar, qual público deve ser alcançado, com qual metodologia ou tipo de educação ambiental.

2. Definição de Objetivos

Com base no diagnóstico inicial, defina os objetivos específicos do programa de educação ambiental. Os objetivos devem ser claros, mensuráveis e alinhados com as necessidades identificadas.

Se o Sistema de Gestão Ambiental já possuir política, objetivos, metas e indicadores pré-estabelecidos, estes devem ser utilizados como base para a construção dos objetivos de seus projetos e programas de educação ambiental.

Exemplos práticos:

- **Objetivo Geral:** Criar uma cultura de consumo consciente de recursos naturais entre os funcionários da empresa.
- **Objetivos Específicos:** Instituir uma cultura de plástico zero; incentivar hábitos de redução de consumo de energia; promover conhecimento sobre segregação de resíduos e reciclagem.

Outra abordagem é utilizar os Objetivos do Desenvolvimento Sustentável (ODS), estabelecendo metas próprias e campanhas ou projetos para alcançá-los.

3. Planejamento das Atividades

Desenvolva um plano detalhado das atividades do programa, incluindo os temas a serem abordados, os métodos de ensino, os recursos necessários e o cronograma de execução. Considere a diversidade de públicos-alvo e adapte as atividades de acordo com suas características e necessidades.

Seu programa pode se desdobrar em vários projetos específicos ou campanhas, como:

- **Temas de Consumo Consciente:** Água, energia, plástico.
- **Temas de Mudanças Climáticas:** Adaptação, mitigação, descarbonização.
- **Temas de Emergências Ambientais e Atuação da Comunidade.**
- **Temas de Compensação de Impactos Ambientais.**

Cada tema pode se desdobrar em um projeto específico ou campanhas pontuais junto aos diversos públicos.

4. Seleção de Métodos e Recursos

Escolha os métodos e os recursos educacionais mais adequados para alcançar os objetivos do programa. Defina se irá utilizar métodos de educação formal, não formal ou difusa. Isso pode incluir palestras, workshops, atividades práticas, materiais educativos, vídeos e outros recursos.

A metodologia precisa ser pensada com base no tempo e nos recursos disponíveis para a execução do projeto. Instrumentos mais complexos demandam mais recursos humanos e materiais, portanto, uma boa metodologia é a que alcança o maior número de pessoas com o menor custo.

5. Implementação

Execute as atividades do programa conforme planejado, garantindo a participação ativa dos públicos-alvo e a qualidade das atividades educacionais.

É importante manter revisões periódicas das atividades e resultados para ajustar o planejamento conforme necessário. Projetos colaborativos ou realizados em rede podem dar maiores resultados, considerando possíveis parceiros que possam ajudar na implementação das ações e programas, ampliando a área de atuação e os resultados alcançados.

6. Avaliação e Melhoria

Realize uma avaliação do programa para medir sua eficácia e impacto. Isso pode envolver a coleta de feedback dos participantes, a análise de indicadores de mudança de comportamento e a avaliação dos resultados alcançados em relação aos objetivos estabelecidos.

Com base nos resultados da avaliação, faça ajustes e melhorias no programa para aumentar sua eficácia e relevância.

10.2.1 Exemplos de projetos e campanhas

É possível citar alguns exemplos de projetos e campanhas que podem ser desenvolvidos em um Programa Básico de Educação Ambiental

Objetivos	Campanhas ou Projetos	Conteúdo
Consumo consciente de recursos naturais	Eficiência energética	Iniciativas que visam melhorar a eficiência no uso de energia, reduzindo o consumo e o desperdício de recursos naturais.
	Redução e Reuso de água	Realização de campanhas de sensibilização e treinamento sobre a importância de economizar água e como fazê-lo. Implementação de sistemas de reuso de água, onde a água utilizada em determinados processos é tratada e reaproveitada para fins não potáveis, como irrigação de jardins e descarga de sanitários.
	Redução do uso de papel	Iniciativas que buscam reduzir o uso de papel e o desperdício de recursos naturais. Adoção de meios eletrônicos, padronização de preferências de impressão, uso de blocos de papel reciclado.
	Multiplicadores (líderes)	Escolha e treinamento de multiplicadores de temas ambientais em cada um dos setores da empresa. Estes multiplicadores servirão tanto para disseminar temas de interesse ambiental, como para fazer a conexão entre os interesses e dores do setor relacionados à área de meio ambiente.

Gestão de Resíduos Sólidos	Educação para coleta seletiva e reciclagem	Educar a comunidade portuária e os usuários sobre a importância de descartar adequadamente os resíduos sólidos, líquidos e gasosos, destacando os impactos negativos do descarte inadequado no meio ambiente e na saúde pública.
	Plástico Zero	Incentivar a redução do uso de plásticos descartáveis, promovendo alternativas sustentáveis e destacando os danos causados pelos plásticos aos ecossistemas marinhos.
Gestão dos recursos naturais	Conservação da água	Conscientizar sobre a importância da conservação da água, incentivando o uso responsável e a adoção de práticas de reuso e reciclagem da água nas atividades portuárias e nas comunidades do entorno.
	Campanha de proteção da biodiversidade	Sensibilizar para a importância da conservação da fauna e flora locais, destacando as espécies ameaçadas e promovendo ações de proteção e recuperação de habitats naturais.
	Projetos de restauração ambiental	Projetos de recuperação de áreas degradadas próximas ao porto, envolvendo a comunidade local na plantação de árvores e na restauração de ecossistemas naturais.
Adaptação a Mudanças Climáticas e Descarbonização	Campanha de mobilidade sustentável	Promover o uso de meios de transporte sustentáveis, transporte público, coletivo ou elétrico, para reduzir as emissões de gases de efeito estufa e melhorar a qualidade do ar na região portuária.
	Criação ou participação em câmaras técnicas ou comitês para discussão de temas de mudanças climáticas	Criar espaços de debates com universidades, empresas, órgãos públicos, para construir juntos propostas de ações de adaptação e mitigação para as mudanças climáticas

Fortalecimento de cultura de sustentabilidade junto à Comunidade	Campanha de educação ambiental nas escolas	Desenvolver atividades educativas sobre meio ambiente e sustentabilidade para alunos e professores das escolas próximas ao porto, envolvendo-os em ações práticas de conservação ambiental.
	Monitoramento ambiental participativo	Envolvimento da comunidade portuária e do entorno no avistamento de espécies, proporcionando uma oportunidade de participação ativa na proteção ambiental.
	Capacitação de lideranças locais	Treinamentos e capacitações para líderes comunitários, professores e outros agentes locais, para que possam atuar como multiplicadores de informações sobre questões ambientais e sustentabilidade.
	Inovação, Pesquisa e Desenvolvimento	Desenvolver programa e apoiar projetos de pesquisa e inovação sobre temas de sustentabilidade e fomentar sua divulgação
Preparação para emergências	Projeto para acionamento de comunidades em caso de emergências ambientais	Treinamentos e capacitações para líderes comunitários, professores e outros agentes locais, para que possam atuar em casos de ocorrência de grandes acidentes
Incentivo a boas práticas ambientais	Projeto para reconheci--mento e premiação de empresas que desenvolverem melhores práticas ambientais	Mapear e premiar as empresas que demonstrarem melhor desempenho ambiental durante determinado ciclo, reconhecimento as melhores práticas e incentivando sua replicabilidade na comunidade portuária

Esses foram apenas alguns poucos exemplos de projetos e campanhas que podem ser desenvolvidos no âmbito de um Programa de Educação Ambiental. No entanto, cada um desses projetos pode lançar mão de várias estratégias de educação ambiental formal, não formal ou difusa para alcançar seus objetivos.

Veja abaixo o exemplo das campanhas de consumo consciente e de quatro possíveis estratégias para alcançar o público preferencial das campanhas.

Figura 18 - Estratégias de EA para campanhas de consumo consciente.

Existe uma gama de possibilidades para a implementação de Programas de Educação Ambiental. É importante, entretanto, definir quais resultados se quer alcançar e centrar esforços para sua execução conforme planejado. Frequentemente, a definição de poucos projetos, mas com bom planejamento, pode ser mais efetiva do que a execução de várias ações sem nenhum propósito geral.

Um ponto importante a ser observado é que não existe projeto de responsabilidade socioambiental sem a participação e a definição direta da comunidade interessada. Em outras palavras, não é possível desenvolver um programa exitoso que não venha, primeiramente e exclusivamente, da vontade e da indicação da comunidade com a qual se pretende compartilhar as ações.

Portanto, o primeiro passo na implementação de projetos de responsabilidade socioambiental é o diálogo com a comunidade, a fim de entender suas necessidades e expectativas e, somente a partir desse diálogo, definir qual projeto será implementado.

10.3. Educação Ambiental Aplicada a Portos e Terminais

Em portos públicos, as autoridades portuárias desempenham um papel fundamental no controle e na supervisão das empresas que atuam no porto, garantindo que estas operem de acordo com as normas e regulamentos ambientais estabelecidos. Isso envolve a imposição de regras e condições para as atividades portuárias, bem como a fiscalização e o monitoramento das operações das empresas.

Em terminais privados, as administradoras devem manter um bom relacionamento com clientes, fornecedores, autoridades portuárias e a comunidade local, buscando atender às suas necessidades e expectativas. Elas devem cumprir as regulamentações ambientais aplicáveis e adotar práticas sustentáveis para minimizar os impactos ambientais das operações portuárias.

Em resumo, o papel das autoridades portuárias e das administradoras no controle e na supervisão das empresas que atuam nos portos e terminais é fundamental para garantir a proteção do meio ambiente e a sustentabilidade das operações portuárias. Isso envolve, por vezes, a imposição de regras e condições, o licenciamento ambiental, a fiscalização ou monitoramento de impactos, visando assegurar que as atividades portuárias sejam realizadas de forma ambientalmente responsável.

Mas nem todo resultado pode ser obtido por meio de fiscalização. Alguns dos melhores resultados na área ambiental, inclusive, são obtidos por meio de cooperação. Nesse caso, a educação ambiental assume um papel crucial no engajamento dos diversos personagens que atuam na cena portuária. Por meio de programas educacionais, as autoridades portuárias ou administradoras podem conscientizar as empresas e a comunidade em geral sobre a importância da sustentabilidade ambiental e incentivar a adoção de práticas mais responsáveis.

Além disso, a educação ambiental pode induzir a adoção de práticas mais sustentáveis, incluindo a implementação de tecnologias mais limpas, o uso mais eficiente dos recursos naturais e a redução da geração de resíduos. Portanto, mais do que um papel fiscalizador, as autoridades portuárias podem desenvolver a função de orientadores, conduzindo a comunidade portuária para uma atuação colaborativa em torno de temas de interesse coletivo.

Um bom instrumento que pode ser utilizado pelas autoridades portuárias para alcançar a cooperação entre os vários stakeholders é a Agenda Ambiental Local. As Agendas Ambientais Locais foram propostas pela Agência Nacional de Transportes Aquaviários (ANTAQ) como instrumentos a serem elaborados pelas autoridades portuárias. Elas visam promover a gestão ambiental integrada e sustentável dos portos, considerando as especificidades de cada localidade.

O objetivo é promover a conscientização e a participação de todos os envolvidos na comunidade portuária, incluindo empresas, trabalhadores, usuários e moradores do entorno, para que juntos possam adotar práticas mais sustentáveis e contribuir para a preservação do meio ambiente. A implementação da Agenda Ambiental Local requer ações coordenadas entre as autoridades portuárias, órgãos ambientais, empresas e demais stakeholders, visando o desenvolvimento sustentável das atividades portuárias e a melhoria da qualidade de vida das comunidades locais.

Do mesmo modo, um Programa de Educação Ambiental bem construído pode ajudar a desenvolver internamente uma cultura de sustentabilidade, possibilitando que novos projetos e investimentos na organização sejam mais bem compreendidos e implementados.

10.4. Monitoramento e Avaliação de Impacto

Por fim, o estabelecimento de indicadores para medir o impacto das iniciativas de educação ambiental nos portos é fundamental para avaliar a eficácia dessas iniciativas e identificar áreas de melhoria.

Indicadores para Avaliação das Iniciativas de Educação Ambiental

1. **Participação**:
    - **Descrição:** Número de pessoas envolvidas nas atividades de educação ambiental, incluindo trabalhadores portuários, empresas, comunidade local e outros stakeholders.
    - **Método de Avaliação:** Registros de participação em eventos, listas de presença e inscrições em programas.

2. **Conhecimento**:
    - **Descrição:** Avaliação do conhecimento adquirido pelos participantes sobre questões ambientais.
    - **Método de Avaliação:** Realização de testes, formulários, games ou atividades lúdicas antes e depois das atividades educacionais para medir o aumento do conhecimento.

3. **Comportamento**:
    - **Descrição:** Mudanças no comportamento dos participantes em relação ao meio ambiente, como a adoção de práticas mais sustentáveis no trabalho e em casa.
    - **Método de Avaliação:** Observações diretas, questionários de autoavaliação, relatos de mudanças de hábitos e práticas sustentáveis.

4. **Redução de Impactos**:
    - **Descrição:** Diminuição dos impactos ambientais das atividades portuárias, como a redução do consumo de

água e energia, a diminuição da geração de resíduos ou aumento de resíduos dispostos corretamente.
- **Método de Avaliação:** Monitoramento e comparação de dados antes e depois das iniciativas, relatórios de consumo de recursos, auditorias ambientais.

5. Parcerias:
- **Descrição:** Quantidade ou efetividade no número de parcerias com outras organizações e instituições para promover a educação ambiental e a sustentabilidade.
- **Método de Avaliação:** Registros de parcerias estabelecidas, análise de resultados das parcerias, avaliações qualitativas de cooperação.

Aplicação dos Indicadores

Com base nessas avaliações, é possível identificar áreas de sucesso e oportunidades de melhoria para fortalecer ainda mais as iniciativas de educação ambiental e promover a sustentabilidade nos portos. A análise contínua desses indicadores permitirá ajustar as estratégias e ações para alcançar melhores resultados, garantindo que os programas de educação ambiental tenham um impacto duradouro e significativo.

11. Auditorias ambientais

Jessica Galvão

Historicamente, o termo auditoria esteve atrelado a verificações na área contábil-financeira. Por essa razão, até pouco tempo atrás, muitos conceitos da área de auditoria se remetiam a esse campo. Ao longo dos anos, porém, a concepção sobre as áreas de auditoria sofreu alterações, desprendendo-se de uma atuação com foco contábil e passando a compreender uma abordagem global e sistêmica de uma organização (PAMPONET, 2009).

Auditoria, portanto, pode ser entendida como um processo sistemático e independente de verificação, análise e avaliação das atividades, operações, sistemas e controles de uma organização. O objetivo primário da auditoria é assegurar a conformidade com políticas, procedimentos, leis e regulamentos aplicáveis, bem como identificar áreas de melhoria e mitigação de riscos.

Existem diferentes tipos de auditoria, incluindo auditoria financeira, auditoria operacional, auditoria de conformidade, auditoria de sistemas de informação, entre outras. Cada tipo de auditoria tem seu próprio escopo e objetivos específicos, mas todos compartilham a finalidade de fornecer uma avaliação objetiva e imparcial da eficácia e eficiência das atividades e controles de uma organização.

Podem ser considerados princípios da auditoria:

- **Integridade:** O trabalho deve ser desenvolvido de forma responsável, íntegra e honesta. Os auditores deverão ser competentes e executar o processo de forma imparcial.
- **Apresentação Justa:** Reportar os resultados de forma verdadeira e com exatidão, contendo comunicação verdadeira, precisa e objetiva.
- **Devido Cuidado Profissional:** Executar a atividade de forma que gere confiança entre o auditor e auditado, sem julgamentos ponderados.
- **Confidencialidade:** Garantir a segurança da informação durante o processo.
- **Independência:** A base da imparcialidade, item importante a ser observado principalmente dentro do processo de auditoria interna.
- **Abordagem Baseada em Evidência:** As constatações identificadas, sejam conformidades, não conformidades ou oportunidades de melhoria, devem ser baseadas em fatos verificáveis, podendo ser utilizados relatos, registros fotográficos, entre outros.
- **Abordagem Baseada em Risco:** A execução da auditoria deve ocorrer com foco nos interesses da organização e dentro dos critérios estabelecidos.

As auditorias podem ser realizadas internamente, pela própria organização, ou ainda, por terceiros independentes e autônomos. Nesse caso, a auditoria pode ser classificada em primeira, segunda e terceira partes, de acordo com os diferentes tipos de relacionamentos entre as partes envolvidas no processo de auditoria.

Auditoria de Primeira Parte: A própria organização é responsável por conduzir a auditoria internamente em seus próprios processos, sistemas, produtos ou serviços. Essa auditoria é frequentemente realizada por equipes de auditoria interna que são empregadas pela organização ou por especialistas designados dentro da própria empresa. O objetivo é garantir conformidade com as políticas internas, procedimentos operacionais e padrões de qualidade estabelecidos pela organização.

Auditoria de Segunda Parte: Ocorre quando uma parte interessada externa, como um cliente ou fornecedor, conduz a auditoria nas operações ou processos de outra organização. Nesse caso, a organização cliente ou fornecedora pode realizar a auditoria para avaliar a conformidade com requisitos contratuais, padrões de qualidade ou outras especificações acordadas entre as partes. A auditoria de segunda parte é geralmente realizada com o objetivo de garantir que os produtos ou serviços atendam às expectativas ou requisitos estabelecidos pelas partes envolvidas.

Auditoria de Terceira Parte: Uma organização independente e externa, como uma empresa de auditoria ou organismo de certificação, conduz a auditoria nas operações, processos, sistemas ou produtos de uma organização. Essa auditoria é realizada com o objetivo de fornecer uma avaliação objetiva e imparcial do desempenho da organização em relação a padrões reconhecidos, regulamentos ou normas. O resultado da auditoria de terceira parte pode levar à certificação ou conformidade com determinados padrões ou regulamentos, proporcionando credibilidade e confiança aos clientes, partes interessadas e ao público em geral.

Auditoria 1ª parte	**Auditoria 2ª parte**	**Auditoria de 3ª parte**
Auditoria interna	Auditoria de fornecedor externo	Auditoria de certificação e/ou acreditação
	Outra auditoria de parte interessada externa	Auditoria estatutária, regulamentar e similar

Tabela 17 - Tipos de auditoria. Fonte: NBR ISO 19011:2018.

11.1 Auditorias Ambientais

No que se refere à auditoria ambiental, trata-se de um processo sistemático de avaliação e exame das práticas, processos e impactos ambientais de uma organização, com o objetivo de garantir conformidade com regulamentações ambientais, identificar oportunidades de melhoria e promover a sustentabilidade. Essa prática visa avaliar o desempenho ambiental de uma empresa, instituição ou projeto, analisando seu impacto sobre o meio ambiente e a eficácia de suas práticas de gestão ambiental.

O surgimento das auditorias ambientais está diretamente relacionado à crescente conscientização global sobre a importância da preservação ambiental e da necessidade de as organizações assumirem a responsabilidade por suas ações. Essas auditorias são realizadas por profissionais qualificados, muitas vezes independentes, que aplicam uma abordagem metodológica para avaliar o cumprimento de normas ambientais, identificar riscos potenciais e sugerir medidas corretivas.

Além de garantir a conformidade legal, as auditorias ambientais também têm um papel fundamental na promoção da responsabilidade social corporativa e na construção de uma reputação sustentável para as organizações. Ao identificar oportunidades de melhoria e implementar boas práticas ambientais, as empresas podem não apenas minimizar riscos legais, mas também contribuir positivamente para a preservação do meio ambiente e atender às expectativas das suas partes interessadas em relação à sustentabilidade.

Existem alguns tipos de auditorias ambientais, incluindo:

- **Auditorias de Conformidade Legal**: Visam garantir que a organização esteja em conformidade com as leis e regulamentações ambientais em vigor.
- **Auditorias de Sistemas de Gestão Ambiental (SGA)**: Avaliam a eficácia dos sistemas implementados pela organização para gerenciar e melhorar seu desempenho ambiental.

- **Auditorias de Desempenho Ambiental**: Avaliam o impacto real das atividades da organização no meio ambiente.

Em área portuária, existem auditorias que são consideradas compulsórias, ou seja, de cunho obrigatório para portos, instalações e plataformas de petróleo. As auditorias compulsórias em portos referem-se a avaliações obrigatórias e regulamentadas realizadas nas instalações portuárias para garantir o cumprimento das normas, regulamentos e padrões estabelecidos pelas autoridades competentes. Essas auditorias são uma parte crucial da gestão portuária, visando assegurar a segurança, a eficiência operacional e a conformidade legal nas atividades portuárias.

11.2 Auditoria Resolução CONAMA 306

A Lei do Óleo, formalmente conhecida como Lei nº 9.966/2000, surgiu em resposta à necessidade de prevenir e controlar a poluição causada por derramamentos de óleo e outras substâncias nocivas ou perigosas em águas sob jurisdição nacional. A legislação foi promulgada em 28 de abril de 2000, durante o governo do presidente Fernando Henrique Cardoso.

O contexto para a criação dessa lei foi marcado por diversos incidentes de derramamento de óleo que ocorreram em águas brasileiras e internacionais, ressaltando a importância de uma legislação específica para lidar com esse tipo de poluição. Entre os incidentes mais notáveis estava o vazamento de óleo na Baía de Guanabara nos anos 2000, despertando uma preocupação global com a segurança marítima e a proteção ambiental no Brasil.

A Lei do Óleo estabelece medidas para prevenir e controlar a poluição causada por derramamentos de óleo e outras substâncias nocivas ou perigosas em águas sob jurisdição nacional. Ela define responsabilidades para prevenção, detecção, combate e remediação de derramamentos de óleo, além de estabelecer sanções para casos de descumprimento da legislação.

Essa lei é de suma importância não apenas para proteger o meio ambiente marinho e costeiro, mas também para garantir a segurança das atividades marítimas, a saúde pública e a economia costeira, uma vez que derramamentos de óleo podem ter impactos devastadores em ecossistemas marinhos e comunidades costeiras.

Entre os instrumentos previstos na Lei do Óleo para prevenção de possível poluição decorrente da atividade portuária e marítima, está a realização de auditorias bianuais compulsórias para verificação da conformidade do sistema de gestão de portos e instalações portuárias.

O procedimento da Auditoria Ambiental compulsória para portos é previsto no art. 9º da Lei Nº 9.966/2000:

> Art. 9º As entidades exploradoras de portos organizados e instalações portuárias e os proprietários ou operadores de plataformas e suas instalações de apoio deverão realizar auditorias ambientais bienais, independentes, com o objetivo de avaliar os sistemas de gestão e controle ambiental em suas unidades.

A Resolução CONAMA nº 306/2002 veio para estabelecer diretrizes, critérios e procedimentos para a realização de auditorias ambientais, visando garantir a adequação ambiental das atividades portuárias e a prevenção de impactos negativos ao meio ambiente decorrentes dessas operações.

A realização de auditorias ambientais conforme a Resolução CONAMA 306 contribui para prevenir incidentes ambientais em portos e instalações portuárias, uma vez que ajuda a identificar potenciais fontes de poluição, falhas nos sistemas de gestão ambiental e áreas de risco, permitindo a implementação de medidas preventivas adequadas. Essas auditorias são importantes para detectar práticas inadequadas que possam levar a incidentes. Ao identificar irregularidades ou não conformidades com as normas ambientais, as auditorias permitem que as autoridades e as empresas adotem medidas corretivas imediatas para evitar danos ao meio ambiente.

Como o cumprimento de requisitos legais é um dos principais aspectos auditados, as auditorias realizadas de acordo com essa resolução ajudam as organizações portuárias a garantir sua conformidade com as disposições das normas ambientais aplicáveis. Além disso, ela incentiva a implementação de sistemas de gestão ambiental eficazes em portos e instalações portuárias, incluindo a adoção de boas práticas para prevenir impactos ao meio ambiente, permitindo a avaliação contínua do desempenho ambiental e a identificação de oportunidades de melhoria.

O Conselho Nacional de Meio Ambiente (CONAMA), na condição de órgão consultivo e deliberativo da Política Nacional de Meio Ambiente, estabeleceu diretrizes que deverão ser seguidas no intuito de verificar a conformidade dos sistemas de gestão ambiental de áreas portuárias. No caso, a Resolução CONAMA Nº 306 de 5 de julho de 2002, estabeleceu os requisitos mínimos e o termo de referência para a realização de auditorias ambientais para avaliação da gestão ambiental em portos e instalações portuárias.

Por instalação portuária entende-se a "instalação localizada dentro ou fora da área do porto organizado e utilizada em movimentação de passageiros, em movimentação ou armazenagem de mercadorias, destinadas ou provenientes de transporte aquaviário" (art. 2º da Lei nº 12.815/13, também intitulada de Lei de Portos).

A auditoria ambiental compulsória, como estabelecida pela Resolução CONAMA 306/2002, desempenha um papel crucial na avaliação regular do desempenho ambiental das instalações portuárias. Essas auditorias devem ser realizadas a cada dois anos e conduzidas de forma independente, garantindo imparcialidade e objetividade nos resultados.

Escopo da Auditoria Ambiental Compulsória

É essencial que a auditoria siga um escopo bem definido, utilizando metodologias e procedimentos sistemáticos e documentados. Durante o processo de auditoria, é fundamental analisar evidências objetivas para determinar se a instalação auditada atende aos critérios estabelecidos na norma.

A própria resolução fornece uma lista detalhada de itens a serem auditados, servindo como parâmetro para a execução das auditorias. Esses itens estão organizados no anexo II da Resolução e compreendem, dentre outros:

- Controle de Efluentes Líquidos
- Controle de Emissões Atmosféricas
- Gerenciamento de Resíduos Sólidos
- Controle de Ruídos
- Medidas de Prevenção e Combate a Incêndios
- Planos de Contingência para Derramamentos de Óleo e Produtos Químicos
- Monitoramento Ambiental
- Cumprimento da Legislação Ambiental Aplicável
- Procedimentos de Segurança e Saúde Ocupacional
- Treinamento e Capacitação do Pessoal
- Relatórios e Registros Ambientais
- Manutenção de Equipamentos e Instalações para Prevenção da Poluição
- Avaliação de Impacto Ambiental de Novos Projetos ou Atividades
- Interação com Comunidades Locais e Stakeholders

O porto organizado ou instalação portuária deverá contratar as empresas e auditores devidamente habilitados para execução do serviço de auditoria na Resolução CONAMA 306. No que se refere à execução da auditoria, o Ministério do Meio Ambiente (MMA), por meio da portaria nº 319, estabeleceu requisitos mínimos para os auditores ambientais:

> I - **Escolaridade**: o auditor deve possuir escolaridade correspondente à formação superior, comprovada pela apresentação de diploma fornecido por entidade reconhecida oficialmente; II - **experiência profissional**: o auditor deve possuir quatro anos de experiência profissional em horário integral ou, o equivalente, em horário parcial, em função técnica ou gerencial com responsabilidade e autoridade para tomada de decisões: de formação de auditores ambientais com duração de, no mínimo, quarenta horas, credenciado pelo INMETRO

> e reconhecido pelo Ministério do Meio Ambiente; IV - **experiência em gestão ambiental:** o auditor deve possuir, além da experiência profissional mencionada no inciso II deste artigo, dois anos de experiência em horário integral ou, o equivalente, em horário parcial, no planejamento, implantação, operação de sistema de gestão ambiental ou auditorias de sistema de gestão ambiental: a um ano; V - **experiência em auditorias**: no cálculo do número de dias de auditoria deve ser incluído tanto o tempo despendido nas instalações do auditado, quanto aquele utilizado nas atividades de análise da documentação, planejamento da auditoria e elaboração do relatório.

A Resolução CONAMA nº 306/2002 veio para estabelecer diretrizes, critérios e procedimentos para a realização de auditorias ambientais, visando garantir a adequação ambiental das atividades portuárias e a prevenção de impactos negativos ao meio ambiente decorrentes dessas operações.

A realização de auditorias ambientais conforme a Resolução CONAMA 306 contribui para prevenir incidentes ambientais em portos e instalações portuárias, uma vez que ajuda a identificar potenciais fontes de poluição, falhas nos sistemas de gestão ambiental e áreas de risco, permitindo a implementação de medidas preventivas adequadas. Essas auditorias são importantes para detectar práticas inadequadas que possam levar a incidentes. Ao identificar irregularidades ou não conformidades com as normas ambientais, as auditorias permitem que as autoridades e as empresas adotem medidas corretivas imediatas para evitar danos ao meio ambiente.

Além de garantir a conformidade legal, as auditorias também incentivam a implementação de sistemas de gestão ambiental eficazes em portos e instalações portuárias, permitindo a avaliação contínua do desempenho ambiental e a identificação de oportunidades de melhoria.

Auditoria Ambiental Compulsória

As auditorias ambientais compulsórias são realizadas em portos, instalações e plataformas de petróleo para assegurar a conformidade com normas e regulamentos ambientais estabelecidos pelas autoridades competentes. Essas auditorias são cruciais para a gestão portuária, visando assegurar a segurança, a eficiência operacional e a conformidade legal nas atividades portuárias.

Resolução CONAMA 306/2002

A Resolução CONAMA nº 306/2002 estabelece os requisitos mínimos e o termo de referência para a realização de auditorias ambientais em portos e instalações portuárias. Por instalação portuária, entende-se a "instalação localizada dentro ou fora da área do porto organizado e utilizada em movimentação de passageiros, em movimentação ou armazenagem de mercadorias, destinadas ou provenientes de transporte aquaviário" (art. 2º da Lei nº 12.815/13, também intitulada de Lei de Portos).

As auditorias devem ser realizadas a cada dois anos e conduzidas de forma independente, garantindo imparcialidade e objetividade nos resultados. O escopo da auditoria deve seguir metodologias e procedimentos sistemáticos e documentados, analisando evidências objetivas para determinar se a instalação auditada atende aos critérios estabelecidos na norma.

A própria resolução fornece uma lista detalhada de itens a serem auditados, servindo como parâmetro para a execução das auditorias. Esses itens incluem:

- Controle de efluentes líquidos
- Controle de emissões atmosféricas
- Gerenciamento de resíduos sólidos
- Controle de ruídos
- Medidas de prevenção e combate a incêndios
- Planos de contingência para derramamentos de óleo e produtos químicos
- Monitoramento ambiental
- Cumprimento da legislação ambiental aplicável
- Procedimentos de segurança e saúde ocupacional
- Treinamento e capacitação do pessoal
- Relatórios e registros ambientais

- Manutenção de equipamentos e instalações para prevenção da poluição
- Avaliação de impacto ambiental de novos projetos ou atividades
- Interação com comunidades locais e stakeholders

Registros de Auditores Certificados (RAC)

As informações citadas no artigo 2° da referida Portaria podem ser comprovadas a partir da apresentação dos Registros de Auditores Certificados (RAC), atribuídos na conclusão de curso de auditor líder na resolução CONAMA 306, realizado por empresas devidamente habilitadas, como a Associação Brasileira de Ensaios Não Destrutivos e Inspeção (ABENDI).

Após a realização da auditoria e a elaboração do respectivo relatório, este deve ser entregue ao órgão ambiental competente juntamente com o plano de ação para correção de não conformidades. O artigo 7° da Resolução CONAMA n° 306/2002 determina que "O relatório final da auditoria ambiental será encaminhado ao órgão ambiental licenciador, em cuja área de jurisdição estiver localizada a instalação auditada, no prazo máximo de trinta dias após sua conclusão".

Auditorias de Sistema de Gestão Ambiental (SGA)

As auditorias de Sistema de Gestão Ambiental (SGA) desempenham um papel fundamental na avaliação e melhoria contínua do desempenho ambiental das organizações. Segundo a Norma NBR ISO 19011, auditoria é: "processo sistemático, independente e documentado para obter evidência objetiva e avaliá-la objetivamente, para determinar a extensão na qual os critérios de auditoria são atendidos."

Diante do interesse de implantação e implementação de um Sistema de Gestão Ambiental, conforme Norma ABNT ISO 14001:2015, a organização deverá efetuar auditorias com objetivos de verificar a conformidade com requisitos ambientais, identificar áreas de não conformidade e oportunidades de melhoria, avaliando, assim, a eficácia das políticas e procedimentos ambientais.

A auditoria da norma ISO 14001 busca entender a cultura organizacional e a abordagem da empresa em relação à gestão ambiental. Isso significa avaliar não apenas se os procedimentos estão no lugar, mas também se são eficazes e se estão sendo implementados de maneira consistente em todos os níveis da organização.

Auditorias Internas

A auditoria interna do SGA é uma ferramenta essencial para avaliar a eficácia e a conformidade do sistema de gestão ambiental de uma organização. Ela ajuda a garantir que as políticas, procedimentos e práticas ambientais estejam alinhados com os objetivos estratégicos da organização e com os requisitos legais e regulamentares.

Processo de Auditoria Interna:

1. **Planejamento**: Definição dos objetivos, escopo, critérios de auditoria e plano de auditorias.
2. **Seleção de Auditores**: Escolha de auditores independentes da atividade a ser auditada para evitar conflitos de interesse. É recomendada a seleção de auditores internos com conhecimento específico na norma e acompanhamento contínuo.
3. **Execução**: Condução de revisões detalhadas das práticas e processos ambientais da organização, incluindo revisão de documentos, entrevistas com funcionários, observação de atividades no local e coleta de evidências.
4. **Identificação de Oportunidades de Melhoria**: Identificação de práticas inadequadas, lacunas de conformidade e oportunidades para aumentar a eficiência operacional e reduzir o impacto ambiental.
5. **Elaboração do Relatório**: Relatório que resume os resultados, incluindo constatações e recomendações, que é geralmente compartilhado com a alta administração.
6. **Acompanhamento**: Monitoramento contínuo do desempenho do sistema de gestão ambiental e revisão periódica

dos processos e procedimentos para garantir a eficácia e alinhamento com os objetivos organizacionais.

A auditoria interna do SGA ajuda a promover uma cultura de conformidade ambiental e melhoria contínua dentro da organização, incentivando o comprometimento da equipe, a responsabilidade ambiental e a busca constante por melhores práticas.

11.2.1 Auditorias externas

A execução de auditorias externas ou de terceira parte é semelhante ao processo de auditoria interna, seguindo normas pré-estabelecidas pela instituição de acreditação, como a ABNT NBR ISO/IEC 17021-1, que define requisitos para organismos que fornecem auditoria e certificação de sistemas de gestão.

Processo de Auditoria Externa:

1. Planejamento da Auditoria:

- Estabelecimento dos objetivos, escopo, critérios de auditoria e plano de trabalho, considerando a natureza, complexidade e contexto da organização auditada.
- Designação de uma equipe de auditores competente e imparcial, com o conhecimento técnico e a experiência necessários.

2. Execução da Auditoria:

- Avaliação da conformidade do Sistema de Gestão com os requisitos estabelecidos na norma aplicável.
- Verificação da eficácia e adequação dos processos, procedimentos e práticas implementadas pela organização.
- Identificação e documentação de não conformidades, classificadas de acordo com a gravidade:
  - **Conformidade**: Atendimento ao requisito ou procedimento implementado.
  - **Não Conformidade Maior**: Afeta a capacidade da organização de atingir os resultados pretendidos,

como não atendimento de requisito legal, ausência de controles operacionais importantes, entre outros.
- **Não Conformidade Menor**: Não afeta a capacidade da organização de atingir os resultados pretendidos, como a falta de parte de um procedimento.
- **Oportunidade de Melhoria**: Identificação de áreas onde a organização pode melhorar seus processos.

3. Relatório de Auditoria:

- Elaboração de um relatório que resume os resultados da auditoria, incluindo constatações e recomendações.
- O relatório é encaminhado ao órgão certificador, e durante a reunião de encerramento, os auditores recomendam ou não a certificação da organização.

4. Decisão de Certificação:

- Com base nos resultados da auditoria, a certificadora decide sobre a concessão ou não da certificação.
- Isso pode incluir certificação total, certificação condicional (sujeita à resolução de não conformidades menores) ou não certificação (em caso de não conformidades significativas).

5. Manutenção e Monitoramento:

- Após a certificação, a organização deve manter e monitorar continuamente seu Sistema de Gestão para garantir que continue atendendo aos requisitos da norma e alcançando seus objetivos de desempenho.
- Isso inclui a realização de auditorias de acompanhamento, revisão de processos, análise de indicadores de desempenho e feedback das partes interessadas.

Tratamento de Não Conformidades, Acompanhamento e Revisão

Segundo a NBR ISO 14001:2015, o tratamento de não conformidades é uma etapa crucial no processo de gestão e melhoria contínua. As organizações devem:

1. **Tomar Ações Corretivas Imediatas:**
    - Corrigir e controlar os apontamentos e lidar com as consequências através de ações imediatas.

2. **Analisar e Determinar as Causas:**
    - Utilizar ferramentas da qualidade, como os "5 Porquês" ou o diagrama de Ishikawa, para identificar as causas da não conformidade.

3. **Analisar Conformidades Similares:**
    - Determinar se não conformidades similares existem ou se poderiam potencialmente ocorrer para evitar recorrências.

4. **Avaliar a Eficácia:**
    - Verificar se as ações foram implementadas de forma correta e eficaz, evitando novas ocorrências.

Prioridade no Tratamento: As não conformidades devem ser priorizadas com base em critérios como potencial de risco, gravidade do impacto, frequência de ocorrência e importância estratégica. Após a implementação das ações corretivas, as auditorias do SGA devem incluir atividades de acompanhamento e revisão para verificar se as ações implantadas foram suficientes.

Processos de Certificação

As auditorias externas ou de certificação/acreditação devem ser realizadas por organismos e auditores devidamente habilitados, que seguem metodologias aprovadas pelo International Accreditation Forum (IAF).

Organismos de Certificação:

1. **Avaliação:**
    - Realizam auditorias detalhadas para determinar se uma organização atende aos requisitos da norma ou padrão específico.

2. **Certificação:**
    - Emitem certificados para organizações que demonstram conformidade com os requisitos, que podem ser usados como prova de conformidade perante clientes, parceiros comerciais e outras partes interessadas.

3. **Imparcialidade e Transparência:**
    - Operam de forma imparcial, ética e transparente para manter a credibilidade e a confiança no processo de certificação.

4. **Monitoramento Contínuo:**
    - Monitoram continuamente as organizações certificadas para garantir a manutenção da conformidade ao longo do tempo, incluindo auditorias de acompanhamento periódicas e reavaliações regulares do sistema de gestão.

12. Mudanças climáticas

Thalita Furtado

As mudanças climáticas abrangem as transformações de longo prazo nos padrões meteorológicos, tanto em regiões específicas quanto globalmente. Essas alterações envolvem variações nas temperaturas médias, padrões de chuva, ocorrência de eventos climáticos extremos, níveis do mar e outros indicadores climáticos (IPCC, 2001). As mudanças climáticas podem ser categorizadas como naturais ou antropogênicas, dependendo da sua causa.

Mudanças Climáticas Naturais
As mudanças climáticas naturais são influenciadas por vários fatores:

- **Atividade Solar**: Flutuações na energia emitida pelo sol.
- **Movimentos da Terra**: Incluem variações na órbita terrestre (ciclos de Milankovitch) e a inclinação axial.
- **Eventos Vulcânicos**: Erupções vulcânicas podem liberar grandes quantidades de partículas e gases na atmosfera, afetando temporariamente o clima.

Mudanças Climáticas Antropogênicas
As mudanças climáticas antropogênicas resultam das atividades humanas, que aumentam significativamente a concentração de gases de efeito estufa na atmosfera:

- **Queima de Combustíveis Fósseis**: Liberação de dióxido de carbono (CO2) e outros gases ao queimar carvão, petróleo e gás natural.
- **Desmatamento**: Redução da capacidade de absorção de CO2 pelas florestas.
- **Agricultura Intensiva**: Produção de metano (CH4) e óxido nitroso (N2O) através de práticas agrícolas e pecuárias.
- **Atividades Industriais**: Emissões de gases de efeito estufa e poluentes.

Embora existam variações climáticas naturais, a evidência científica indica que as atividades humanas desempenham um papel fundamental no rápido aumento das temperaturas médias globais observado nas últimas décadas (IPCC, 2001 e 2007). A expressão "mudanças climáticas" frequentemente se refere às mudanças antropogênicas devido aos seus impactos substanciais e rápidos nos padrões climáticos e nas condições ambientais.

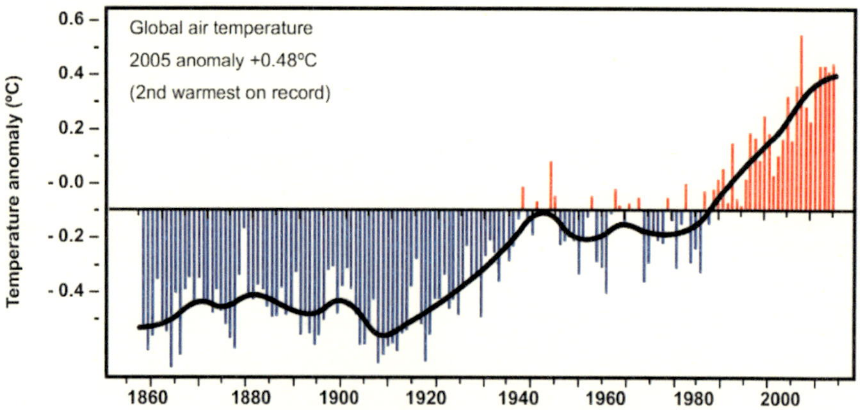

Figura 19 - Anomalia da temperatura global 1890–2007 em relação a 1961– 1990. Fonte: Sweeney, et al. (2008)

12.1 Efeito estufa e aquecimento global

O efeito estufa é um fenômeno natural essencial para a manutenção da vida na Terra. Ele ocorre quando determinados gases na atmosfera, como dióxido de carbono (CO_2), metano (CH_4) e vapor d'água, permitem a entrada da luz solar, mas retêm parte do calor irradiado pela superfície terrestre, estabelecendo condições térmicas adequadas para a vida. Contudo, desde a Revolução Industrial, as atividades humanas têm aumentado significativamente as concentrações desses gases de efeito estufa (CO_2, CH_4, N_2O, SF_6, PFCs, HFCs) na atmosfera, principalmente devido à queima de combustíveis fósseis, desmatamento, produção de resíduos e outras práticas industriais. Esse aumento exacerbado intensifica o efeito estufa natural (Figura 1), contribuindo para o aquecimento global e, consequentemente, para as mudanças climáticas.

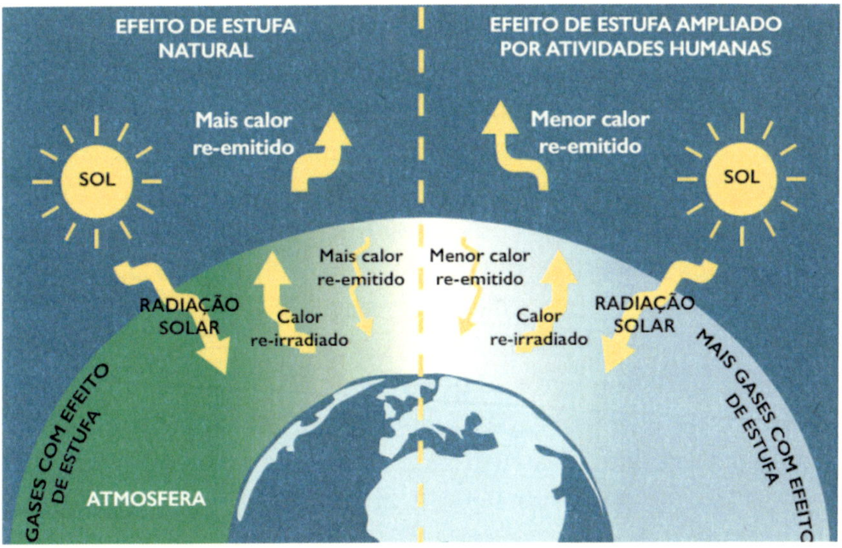

Figura 20 - Efeito estufa. Fonte: UNPD, 2021.

Os impactos das mudanças climáticas reverberam em diversos setores da sociedade, desde a segurança alimentar até a estabilidade econômica. Essas mudanças podem desencadear uma série de consequências graves, incluindo a escassez de alimentos devido a perturbações na agricultura, o aumento dos preços dos alimentos decorrente da diminuição da produtividade, a interferência na infraestrutura crítica devido a eventos climáticos extremos e perdas econômicas substanciais em setores como agricultura, turismo e comércio. Todos esses impactos geram uma crescente preocupação global, destacando a urgência em compreender, mitigar e adaptar-se a esse desafio mundial.

12.2 Mudanças Climáticas no Contexto Portuário

No contexto portuário, as mudanças climáticas exercem uma influência significativa, desencadeando uma série de impactos que afetam diretamente as operações marítimas e a infraestrutura portuária. Enfrentar os desafios decorrentes das mudanças climáticas é considerado uma das três principais prioridades para as autoridades portuárias (ESPO, 2019; WPSR, 2020).

O aumento do nível do mar, resultante do derretimento das calotas polares e da expansão térmica dos oceanos, ameaça a estabilidade das áreas costeiras onde muitos portos estão situados (Becker et al., 2013; Brooks e Faust, 2018). Adicionalmente, eventos climáticos extremos, como tempestades mais intensas e frequentes, colocam em risco a segurança das instalações portuárias e a eficiência das operações de transporte marítimo (PIANC, 2008; UNCTAD, 2008; USCOP, 2004). À medida que o nível do mar aumenta, é possível que as infraestruturas portuárias enfrentem inatividade devido à inundação de cais, áreas de armazenamento e estruturas de proteção costeira, resultando em custos adicionais para realocação e/ou reparo das instalações afetadas (Lima e Souza, 2022). Os impactos econômicos decorrentes do aumento do nível do mar podem alcançar 111,6 milhões de dólares até 2050 e 367,2 bilhões de dólares até o final do século (ONU, 2017), sendo ainda mais expressivos em países em desenvolvimento (Brooks e Faust, 2018). Um estudo apresentado por Houtven et al. (2022) forneceu estimativas bilionárias dos custos decorrentes das mudanças climáticas, como pode ser observado na Tabela 18.

Ano	2050	2100
Aumento do nível do mar (m)	0.27	0.84
Aumento na altura de ressacas (m)	0.38	0.76
Aumento do pico de velocidade do vento (m/s)	3.0	6.0
Portos, embarcadores e transportadores	US$0.8 - US$1.6	US$1.9 - US$3.7
Consumidores de serviços de transporte marítimo	US$0.3 - US$1.1	US$1.1 - US$3.9
Total de custos adicionados	US$1.1 - US$2.7	US$3.1 - US$7.6

Tabela 18 - Aumento estimado nos custos anuais de interrupções portuárias devido à elevação do nível do mar e tempestades mais intensas (em bilhões de dólares americanos).

Além do aumento do nível do mar, os padrões de chuvas e temperatura também sofrerão mudanças, assim como a intensificação de eventos extremos, especialmente os relacionados às chuvas (PBMC, 2016). As mudanças nos padrões de vento e correntes oceânicas podem impactar a navegação, gerar alterações no equilíbrio sedimentar e no acúmulo de sedimentos devido à precipitação intensa. Ondas marítimas altamente energéticas podem resultar na necessidade de realizar mais operações de dragagem, o que, por sua vez, gera custos adicionais para as autoridades portuárias na busca por manter as profundidades adequadas para a navegação (Becker et al., 2012). Todos esses fatores demandarão ajustes nas estratégias logísticas e na gestão portuária para lidar eficazmente com os desafios decorrentes das alterações climáticas.

Portanto, a compreensão desses impactos e a implementação de medidas tornam-se imperativas para garantir a resiliência e sustentabilidade do setor portuário diante desse desafio. Nesse contexto, os portos precisam se adaptar às mudanças climáticas e a seus efeitos ou impactos esperados, a fim de minimizar os potenciais efeitos negativos. Esse processo de adaptação é essencial (IPCC, 2001).

12.3 Adaptação Climática

O termo adaptação, conforme o Painel Internacional de Mudanças Climáticas, pode ser definido como "ajustes nos sistemas humanos e naturais em resposta à variação climática presente ou futura, visando minimizar os danos ou explorar oportunidades benéficas" (IPCC, 2001).

Em um processo de adaptação, o primeiro elemento é a observação das variáveis climáticas e não climáticas, socioeconômicas e ambientais. Essas variáveis sustentarão a avaliação dos impactos climáticos e das vulnerabilidades relacionadas, sendo este o segundo elemento do processo de adaptação. O terceiro elemento consiste na seleção das opções de adaptação, que deve ser feita com base na avaliação anterior, considerando fatores como custo-eficácia, potenciais cobenefícios e aceitação pública (Figura 21).

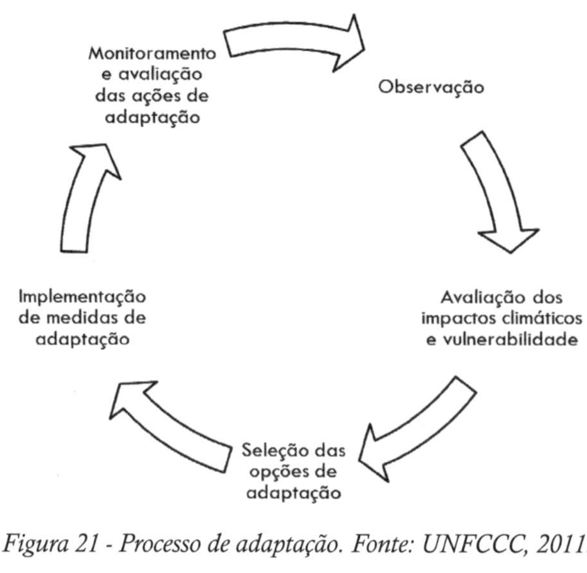

Figura 21 - Processo de adaptação. Fonte: UNFCCC, 2011.

No processo de seleção das ações de adaptação, são empregadas diversas abordagens para escolher as opções mais apropriadas, como, por exemplo: custo-benefício, custo-efetividade e multicritérios. A seguir, o quadro apresenta o contexto, vantagens e desvantagens de cada um desses critérios (Tabela 19) (UNFCCC, 2011).

Análise	Contexto	Vantagens/pontos fortes	Desvantagens/pontos fracos
Custo-benefício	Custos e benefícios podem ser quantificados em termos monetários quando os dados necessários estão disponíveis	A monetização permite a comparação quantitativa entre diferentes custos e benefícios	Custos e benefícios não relacionados ao mercado (por exemplo, valores ecológicos e culturais), bem como aspectos distributivos, são difíceis de incluir
Custo-efetividade	Os objetivos das medidas de adaptação foram identificados e busca-se a opção de custo mais baixo	Permite a realização de uma análise dos custos e dos benefícios não monetários, como serviços de saúde e ecossistêmicos	Não consegue avaliar se a medida se justifica
Multicritério	Os dados não estão totalmente disponíveis, os fatores não são facilmente quantificados e os benefícios monetários podem ser apenas um dos muitos critérios utilizados	Os critérios podem ser otimizados para atender prioridades nacionais e locais; permite o envolvimento das partes interessadas	A falta de termos monetários pode enfraquecer o argumento econômico para justificar as medidas

Tabela 19 - Alguns dos métodos mais utilizados para avaliar opções de adaptação, incluindo custo-benefício, custo-eficácia, e análise multicritério. Fonte: (UNFCCC, 2011).

Uma vez selecionada a medida de adaptação, que constitui o quarto elemento do processo de adaptação, ela precisa ser implementada. Por fim, o quinto elemento desse processo é o monitoramento e a avaliação das ações. Esse monitoramento e avaliação podem fornecer feedback para assegurar que as atividades de adaptação sejam apropriadas, eficazes e revisadas conforme necessário (UNFCCC, 2011).

Para que esse processo de adaptação seja efetivo, é necessária uma série de informações, como dados climáticos (dados meteorológicos locais e nacionais, previsões sazonais, projeções futuras a partir de modelos climáticos), informações de planejamento (planos nacionais de desenvolvimento, planos de desenvolvimento estaduais e municipais) e dados ambientais (cobertura florestal, recursos hídricos, biodiversidade).

Nesse contexto de adaptação, é crucial implementar medidas que não apenas fortaleçam a resiliência contra os impactos das mudanças climáticas, mas também reduzam as emissões de gases de efeito estufa e outros fatores contribuintes para essas alterações, o que chamamos de mitigação.

A mitigação é definida como os esforços para reduzir ou evitar a emissão de gases de efeito estufa (GEEs) e fortalecer sua remoção da atmosfera por meio de sumidouros ("sequestro de carbono") (UNFCCC, 2009). Nesse contexto, é fundamental investir em fontes de energia mais limpas e eficientes para as operações portuárias, visando à mitigação das emissões de carbono. Além disso, estratégias como o gerenciamento sustentável de resíduos, a otimização dos transportes, a redução do consumo de combustíveis fósseis e a promoção de práticas ambientalmente conscientes no setor logístico contribuem significativamente para a redução do impacto ambiental.

A combinação efetiva de adaptação e mitigação no setor portuário não apenas protege as infraestruturas contra eventos climáticos extremos, mas também abraça a responsabilidade ambiental, contribuindo para a construção de um setor mais sustentável e resiliente às mudanças climáticas.

13. Inovação e sustentabilidde

Thalita Furtado

Diante do cenário contemporâneo marcado pelas mudanças climáticas e pela escassez de recursos naturais, a transição para uma economia de baixo carbono e um consumo consciente se torna imperativa. Isso impõe às empresas a urgência de discutir e adotar práticas gerenciais inovadoras voltadas para a sustentabilidade.

Esse contexto desafia o modelo tradicional de crescimento econômico, demandando uma reconfiguração estratégica que harmonize o desenvolvimento econômico com a preservação ambiental (CARDOSO, 2008). Dessa forma, a relevância da sustentabilidade se torna cada vez mais evidente nas conversas sobre o progresso econômico. Essas discussões ganharam destaque a partir da segunda metade do século XX e, nos anos 2000, passaram a ser o foco de políticas e debates específicos, inclusive em organizações internacionais (KOELLER et al., 2020).

No cenário portuário, a sinergia entre sustentabilidade e inovação emerge como uma alavanca essencial na busca por soluções que harmonizem as demandas operacionais com a preservação ambiental. A interação dinâmica entre práticas sustentáveis e tecnologias inovadoras não apenas otimiza a eficiência portuária, mas também promove uma abordagem responsável em relação aos recursos marítimos e terrestres. Além disso, essa sinergia impulsiona a eficiência e a competitividade, promovendo a criação de soluções transformadoras que busquem harmonizar o desenvolvimento humano com a preservação ambiental.

A implementação de tecnologias de última geração, como sistemas de gestão inteligente de contêineres e métodos de descarga mais eficientes, exemplifica o papel da inovação na modernização dos processos portuários. Paralelamente, a adoção de políticas sustentáveis, como a redução das emissões de gases de efeito estufa (GEE) e o gerenciamento eficaz dos resíduos portuários, demonstra o compromisso com a preservação ambiental.

Mas afinal, o que é sustentabilidade?

A sustentabilidade pode ser definida como a busca de práticas que atendam às necessidades presentes sem comprometer a capacidade das futuras gerações de atenderem às suas próprias necessidades (Domingues e Remoaldo, 2012). Em um contexto mais amplo, envolve a integração de considerações ambientais, sociais e econômicas em todos os aspectos da tomada de decisão.

E o que é inovação?

A inovação é a introdução de novas ideias, métodos ou produtos que trazem benefícios significativos (OECD, 2018). Pode ocorrer em diversos setores, desde tecnologia até modelos de negócios e práticas sociais. Além disso, tem um papel crucial no progresso da sociedade, impulsionando a eficiência, a competitividade e o desenvolvimento.

A inovação pode se manifestar de diversas formas, seja na criação de novos produtos, na melhoria de serviços existentes, na otimização de processos, no aprimoramento de estratégias de marketing ou na reorganização interna das empresas (Figura 1) (Carvalho et al., 2011).

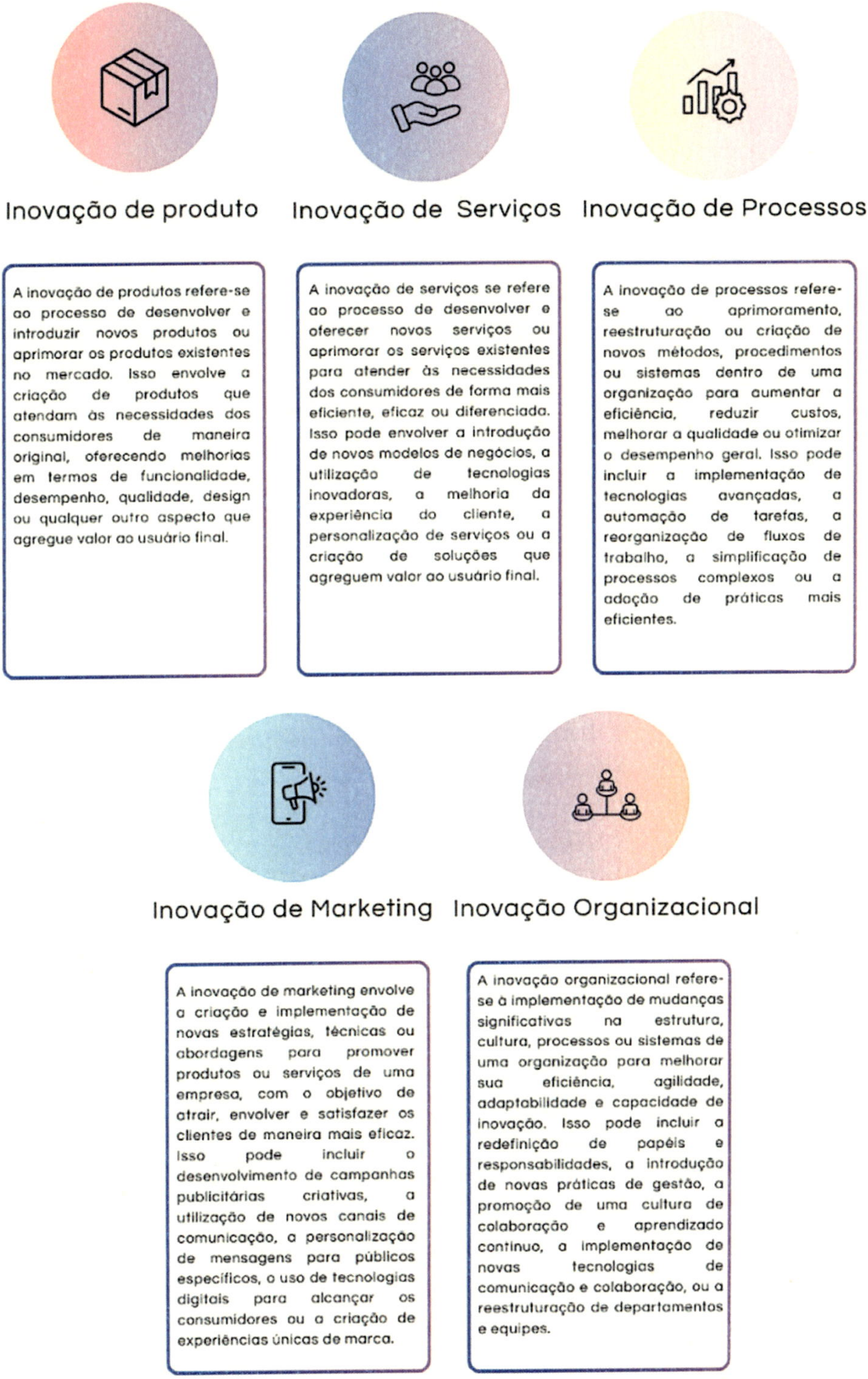

Figura 22 - Tipos de inovação. Fonte: Carvalho et al. 2011.

De acordo com a OECD (2018), a inovação pode ser dividida em incremental e radical. Na inovação incremental, produtos, serviços ou processos existentes sofrem melhorias graduais, realizadas de forma iterativa e evolutiva, visando aumentar a eficiência, qualidade ou desempenho (KERZNER, 2019; TERRA, 2018). Na inovação radical, o processo ou produto é totalmente novo, podendo resultar em uma ruptura dos paradigmas tradicionais de um mercado específico ou até mesmo na criação de um novo hábito de consumo (KERZNER, 2019).

13.1 Modelos de Inovação

Para manter a competitividade e atender às demandas do mercado, as autoridades e empresas do setor portuário precisam estar ágeis e preparadas para implementar inovações significativas. Ao identificar oportunidades junto aos usuários e clientes, é essencial que essas organizações compreendam os diversos modelos de inovação disponíveis e selecionem aqueles que melhor se adequam às suas necessidades específicas. Dentre os principais, podemos citar: modelo linear; modelo paralelo; modelo de Tidd et alii e o modelo de inovação aberta ou open innovation (Carvalho et al., 2011). Neste capítulo, focaremos apenas no modelo de inovação aberta ou open innovation.

13.1.1 Inovação Aberta ou Open Innovation

A inovação aberta, de acordo com Chesbrough e Bogers (2014), é definida como um processo de inovação distribuída que se apoia na circulação deliberada de conhecimento através das fronteiras organizacionais, utilizando tanto incentivos financeiros quanto não financeiros, em consonância com o modelo de negócios da organização. Nesse modelo, é necessária uma fusão de ideias criativas, sólidas e valorosas, tanto internamente quanto externamente à organização, otimizando a utilização dos recursos disponíveis e gerenciando os riscos, especialmente o de possíveis falhas (Carvalho et al., 2011).

A inovação aberta pode ser definida de duas formas:

- **Inbound**: O conhecimento vem de fora para dentro da organização (Marcolin et al., 2017).
- **Outbound**: O conhecimento vai de dentro para fora da organização (Ahn et al., 2017).

Também podemos definir a inovação aberta a partir de sua orientação, que pode ser voltada para a tecnologia, para o mercado ou para a organização (Ines et al., 2021).

- A inovação aberta orientada para tecnologia envolve o desenvolvimento de atividades de inovação voltadas para o desenvolvimento de novos ativos tecnológicos (Ahn et al., 2015).
- A inovação aberta orientada para o mercado refere-se ao envolvimento dos clientes no processo de inovação.
- A inovação aberta orientada para a organização expande ou reduz os limites da organização, principalmente por meio de aquisições e fusões, ou pela criação de novas empresas derivadas (Ahn et al., 2017).

Para que esse processo de inovação tenha sucesso, é importante desenvolver uma cultura de inovação na organização, encorajando os funcionários a compartilhar ideias, assumir riscos calculados e buscar constantemente maneiras de melhorar processos, produtos e serviços (Popa et al., 2017). E, uma vez que a inovação aberta exige uma relação com o ambiente externo, é necessário contar com parceiros externos adequados, como governo, indústria, universidades e laboratórios comerciais, estabelecendo uma relação de confiança (Marcolin et al., 2017; Simões et al., 2020).

13.1.2 Inovação e Sustentabilidade

Nesse contexto de interdependência entre sustentabilidade e inovação, é evidente que as organizações e sociedades que buscam prosperar devem adotar abordagens integradas para enfrentar os desafios contemporâneos. A inovação, por sua natureza disruptiva, tem o potencial de transformar modelos tradicionais, impulsionando a eficiência e a otimização de recursos. Ao mesmo tempo, a sustentabilidade atua como um guia ético, assegurando que tais inovações não comprometam a integridade dos ecossistemas e a qualidade de vida das gerações futuras.

A ecoinovação é definida como a criação, assimilação ou aplicação de um novo produto, processo de produção, serviço, gestão ou método de negócios por uma organização, resultando na redução do risco ambiental, da poluição e de outros impactos negativos sobre os recursos, incluindo energia, ao longo de seu ciclo de vida, comparado com alternativas relevantes (Kemp e Pearson, 2007).

A implementação da ecoinovação requer uma análise minuciosa da estratégia, modelo de negócio, operações e atividades no setor portuário, com o intuito de identificar possíveis impactos ambientais ao longo da cadeia logística. O objetivo é converter essas fraquezas ou ameaças em vantagens competitivas e oportunidades de inovação, promovendo a sustentabilidade e eficiência ambiental no ambiente portuário.

Para iniciar o processo de transformação, é necessário identificar áreas específicas do porto que podem ser otimizadas em termos de eficiência e sustentabilidade, reconhecer pontos críticos de impacto ambiental e oportunidades para inovações tecnológicas e estabelecer indicadores-chave de desempenho para medir o progresso e os benefícios econômicos e ambientais.

Parcerias estratégicas são cruciais, pois, mesmo que um porto seja grande e tenha uma equipe dedicada exclusivamente à inovação e sustentabilidade, é altamente provável que ele não consiga gerar as melhores soluções sozinho. Portanto, é essencial buscar parcerias colaborativas com empresas de tecnologia, instituições de pesquisa, organizações governamentais e stakeholders locais, estabelecendo alianças que possam contribuir com conhecimento especializado, financiamento e recursos necessários para implementar soluções inovadoras e sustentáveis.

Investir em tecnologias avançadas, como sistemas de gestão portuária inteligente, monitoramento ambiental em tempo real e automação de processos logísticos, priorizando soluções que melhorem a eficiência operacional, reduzam as emissões de gases de efeito estufa e otimizem o uso de recursos, como energia e água, é fundamental.

Todas essas mudanças precisam ser introduzidas gradualmente para minimizar impactos operacionais e permitir uma transição suave. Além disso, é importante estabelecer sistemas de monitoramento contínuo para avaliar a eficácia das medidas implementadas, ajustando estratégias conforme necessário. Por fim, é crucial garantir a conformidade com regulamentações ambientais locais e internacionais, buscando certificações que reconheçam práticas sustentáveis no setor portuário.

Assim, a busca pela convergência entre sustentabilidade e inovação no contexto portuário não apenas redefine a eficiência operacional, mas também posiciona os portos como agentes responsáveis na preservação dos ecossistemas marinhos e na promoção de práticas comerciais conscientes. Além disso, a implementação de tecnologias sustentáveis e a promoção de práticas de negócios social e ambientalmente responsáveis abrem novas perspectivas de mercado. Essa abordagem fortalece a imagem do setor portuário e o torna um agente catalisador de mudanças positivas no cenário marítimo e logístico global, visando não apenas atender às demandas atuais, mas também garantir a resiliência e prosperidade dos portos para as futuras gerações.

Bibliografia

ABNT NBR 14725:2023. Produtos químicos: Informações sobre segurança, saúde e meio ambiente. Aspectos gerais do Sistema Globalmente Harmonizado (GHS), classificação, FDS e rotulagem de produtos químicos. Rio de Janeiro: Associação Brasileira de Normas Técnicas, 2023.

ABNT NBR 9735:2023. Conjunto de equipamentos para emergências no transporte terrestre de produtos perigosos. Rio de Janeiro: Associação Brasileira de Normas Técnicas, 2023.

ABNT NBR 7500:2023. Identificação para o transporte terrestre, manuseio, movimentação e armazenamento de produtos. Rio de Janeiro: Associação Brasileira de Normas Técnicas, 2023.

ABNT NBR 9897:1987. Planejamento de amostragem de efluentes líquidos e corpos receptores — Procedimento. Rio de Janeiro: Associação Brasileira de Normas Técnicas, 1987.

ABNT NBR 9898:1987. Amostragem de efluentes líquidos e corpos receptores — Procedimento. Rio de Janeiro: Associação Brasileira de Normas Técnicas, 1987.

ABNT. NBR ISO 14001: Sistema de Gestão Ambiental – Requisitos com orientação para uso. Rio de Janeiro: ABNT, 2015.

ABNT. NBR ISO 14002-1: Sistema de Gestão Ambiental: Diretrizes para uso da ABNT NBR ISO 14001 para abordar aspectos e condições ambientais dentro de uma área de temática ambiental. Parte 01: Geral. Rio de Janeiro: ABNT, 2009.

ABNT. NBR ISO 14040: Gestão Ambiental: Avaliação do ciclo de vida – Princípios e estrutura. Rio de Janeiro: ABNT, 2009.

ABNT. NBR ISO 19011: Diretrizes para Auditoria de Sistemas de Gestão. Estabelece as melhores práticas de auditoria. Rio de Janeiro: ABNT, 2018.

ABNT. NBR ISO 9000: Sistema de Gestão da Qualidade – Fundamentos e vocabulário. Rio de Janeiro: ABNT, 2015.

ABNT. NBR ISO/IEC 17021-1: Avaliação da conformidade - Requisitos para organismos que fornecem auditoria e certificação de sistemas de gestão - Parte 1: Requisitos. Rio de Janeiro: ABNT, 2016.

ABRÃO JUNIOR, F. Apresentação Mitigação e Adaptação da Aviação Civil à Mudança do Clima (Curso Resiliência Climática na Infraestrutura de Transportes). 2022.

ADEMA – ADMINISTRAÇÃO ESTADUAL DO MEIO AMBIENTE. 1979. Levantamento Ecológico para Estudo de Impacto Ambiental. Sergipe.

AHN, J. M., MINSHALL, T., & MORTARA, L. (2017). Understanding the Human Side of Openness: The Fit between Open Innovation Modes and CEO Characteristics. R&D Management, 47(5), 727-740. https://doi.org/10.1111/radm.12264.

ANTAQ. (2021). Impactos e riscos da mudança climática nos portos públicos costeiros brasileiros. Resumo executivo. Disponível em: https://www.gov.br/antaq/pt-br/noticias/2021/copy_of_Sumario ANTAQGIZMudancaClimatica.pdf

ANTAQ. (2021). Resolução Antaq Nº 65, de 15 de dezembro de 2021. Estabelece os procedimentos para operações com produtos perigosos quando em trânsito por instalações portuárias situadas dentro ou fora da área do porto organizado. Disponível em: https://juris.antaq.gov.br/index.php/2021/12/18/65-2021/. Acesso em: 14 de fevereiro de 2024.

ANTAQ. (2022). Resolução nº 75, de 02 de junho de 2022. Dispõe sobre a fiscalização da prestação dos serviços portuários e estabelece infrações administrativas. Brasília, DF: Diário Oficial da União, 3 de junho de 2022.

ANTT. (2022). Resolução ANTT nº 5.998, de 3 de novembro de 2022. Atualiza o Regulamento para o Transporte Rodoviário de Produtos Perigosos, aprova suas Instruções Complementares, e dá outras providências. Disponível em:

https://anttlegis.antt.gov.br/action/ActionDatalegis.php?acao=detalharAto&tipo=RES&numeroAto=00005998&seqAto=000&valorAno=2022&orgao=DG/ANTT/MI&codTipo=&desItem=&desItemFim=&cod_menu=5408&cod_modulo=161&pesquisa=true. Acesso em: 05 de fevereiro de 2024.

American Public Health Association (APHA), American Water Works Association (AWWA), Water Environment Federation (WEF). Standard Methods for the Examination of Water and Wastewater. 21ª edição. Washington, DC: APHA, AWWA, WEF, 2005.

ASA, A. S. (2020). Sustainability report 2020. Viitattu, 5, 2021.

BARSANO, Paulo R. JAPI, Viviane. (2014). Biologia Ambiental. Editora Saraiva.

BECKER, A., et al. (2012). Climate Change Impacts on International Seaports: Knowledge, Perceptions, and Planning Efforts among Port Administrators.

BRASIL. Agência Nacional de Águas (ANA). (2011). Guia Nacional de Coleta e Preservação de Amostras. Disponível em: https://arquivos.ana.gov.br/institucional/sge/CEDOC/Catalogo/2012/GuiaNacionalDeColeta.pdf.

BRASIL. Agência Nacional de Vigilância Sanitária (ANVISA). (2008). Resolução RDC nº 56, de 6 de agosto de 2008. Dispõe sobre Boas Práticas de Fabricação de Produtos para Saúde. Brasília, DF.

BRASIL. CONAMA. (1986). Resolução nº 1, de 23 de janeiro de 1986. Dispõe sobre critérios básicos e diretrizes gerais para a avaliação de impacto ambiental. Publicada no DOU, de 17 de fevereiro de 1986, Seção 1, páginas 2548-2549.

BRASIL. CONAMA. (2002). Resolução nº 306, de 05 de julho de 2002. Estabelece os requisitos mínimos e o termo de referência para realização de auditorias ambientais. Disponível em: https://www.legisweb.com.br/legislacao/?id=98306. Acesso em: 14 de fevereiro de 2024.

BRASIL. CONAMA. (2002). Resolução nº 307, de 05 de julho de 2002. Estabelece diretrizes, critérios e procedimentos para a gestão dos resíduos da construção civil, disciplinando as ações necessárias de forma a minimizar os impactos ambientais. Diário Oficial da União, Brasília, DF, 10 jul. 2002.

BRASIL. CONAMA. (2008). Resolução nº 398, de 11 de junho de 2008. Dispõe sobre o conteúdo mínimo do Plano de Emergência Individual para incidentes de poluição por óleo em águas sob jurisdição nacional, originados em portos organizados, instalações portuárias, terminais, dutos, sondas terrestres, plataformas e suas instalações de apoio, refinarias, estaleiros, marinas, clubes náuticos e instalações similares, e orienta a sua elaboração. Brasília, DF: Diário Oficial da União, 12 de junho de 2008. Disponível em: https://www.ibama.gov.br/component/legislacao/?view=legislacao&legislacao=11413. Acesso em: 28 de dezembro de 2023.

BRASIL. CONAMA. (2012). Resolução n° 454, de 25 de Março de 2004. Dispõe sobre o enquadramento dos corpos de água superficiais e subterrâneos, referente aos padrões de qualidade e classificação dos mesmos. Brasília, DF.

BRASIL. CONAMA. (2018). Resolução nº 491, de 19 de novembro de 2018. Dispõe sobre padrões de qualidade do ar. Brasília, DF.

BRASIL. Decreto nº 10.950, de 27 de janeiro de 2022. Diário Oficial da União, Brasília, DF, 28 jan. 2022. Seção 1, p. 1-2.

BRASIL. Diretoria de Portos e Costas (DPC). Normas da Autoridade Marítima para Embarcações Empregadas na Navegação em Mar Aberto - NORMAM 01. Disponível em: https://www.marinha.mil.br/dpc/sites/www.marinha.mil.br.dpc/files/normam01_0.pdf. Acesso em: 10 de fevereiro de 2024.

BRASIL. IBAMA (2014). Instrução Normativa nº 15, de 6 de outubro de 2014. Institui o Sistema Nacional de Emergências Ambientais - Siema, ferramenta informatizada de comunicação de acidentes ambientais, visualização de mapas interativos e geração de dados estatísticos dos acidentes ambientais registrados pelo Ibama. Diário Oficial da União, Brasília, DF, 7 out. 2014.

BRASIL. Lei nº 12.305, de 2 de agosto de 2010. Institui a Política Nacional de Resíduos Sólidos. Diário Oficial da União, Brasília, DF, 3 ago. 2010.

BRASIL. Lei nº 12.815, de 5 de junho de 2013. Dispõe sobre a exploração direta e indireta pela União de portos e instalações portuárias e sobre as atividades desempenhadas pelos operadores portuários. Diário Oficial da União, Brasília, DF, 6 jun. 2013.

BRASIL. Lei nº 6.938, de 31 de agosto de 1981. Dispõe sobre a Política Nacional do Meio Ambiente. Diário Oficial da União, Brasília, DF, 2 set. 1981.

BRASIL. Lei nº 9.795, de 27 de abril de 1999. Dispõe sobre a educação ambiental, institui a Política Nacional de Educação Ambiental e dá outras providências. Diário Oficial da União, Brasília, DF, 28 abr. 1999.

BRASIL. Lei nº 9.966, de 28 de abril de 2000. Dispõe sobre a prevenção, o controle e a fiscalização da poluição causada por lançamento de óleo e outras substâncias nocivas ou perigosas em águas sob jurisdição nacional e dá outras providências. Diário Oficial da União, Brasília, DF, 2 mai. 2000.

BRASIL. Ministério do Meio Ambiente e Mudança do Clima. Gestão da Qualidade do Ar. Brasília, DF, 2023.

BRASIL. Ministério do Meio Ambiente. Guia Técnico para o Monitoramento e Avaliação da Qualidade do Ar. Brasília, DF, 2020.

BRASIL. Ministério da Economia. NR 29 - Segurança do Trabalhador Portuário. Disponível em: https://www.gov.br/trabalho-e-emprego/pt-br/acesso-a-informacao/participacao-social/conselhos-e-orgaos-colegiados/comissao-tripartite-partitaria-permanente/arquivos/normas-regulamentadoras/nr-29-atualizada-2022-1.pdf. Acesso em: 04 de janeiro de 2024.

BROOKS, Mary R.; FAUST, Peter. (2018). 50 years of review of maritime transport, 1968-2018: Reflecting on the past, exploring the future.

CARDOSO, André Coimbra Féliz et al. (2008). O processo de internacionalização e os aspectos socioambientais: o caso Embraer. Revista de Administração da UFSM, v. 1, n. 1.

CARVALHO, Hélio Gomes de; REIS, Dálcio Roberto dos; CAVALCANTE, Márcia Beatriz. (2011). Gestão da inovação. Curitiba, PR: Aymará Educação.

CETESB. (S.d.). Emergências Químicas: Legislação e convenções. Disponível em: https://cetesb.sp.gov.br/emergencias-quimicas/tipos-de-acidentes/vazamentos-de-oleo/legislacao-e-convencoes/. Acesso em: 28 de dezembro de 2023.

DOMINGUES, Ivo. REMOALDO, Paula. (2012). Responsabilidade Social Organizacional: Desenvolvimento e Sustentabilidade. 1ª Edição. Vila Nova de Famalicão: Edições Húmus.

ECO PORTS. (2019). Environmental Report—EcoPortsinSights 2019. Disponível em: https://www.espo.be/media/Environmental%20Report-2019%20FINAL.pdf.

FINGAS, Merv. (2019). Fundamentos da Limpeza de Derramamento de Óleo. Rio de Janeiro: IMF Editora.

GAMA et al. (2011). Microfitoplâncton das baías do Golfão Maranhense e Litoral Oriental do Maranhão. BOLETIM DO LABORATÓRIO DE HIDROBIOLOGIA, volume 24, número 1, páginas 13-26.

GOULART, M. CALLISTO, M. (2003). Bioindicadores de qualidade de água como ferramenta em estudos de impacto ambiental. Revista da FAPAM, ano 2, no 1.

GRAY, J. S.; ELLIOTT, M. (2009). Ecology of Marine Sediments: Science to Management. Oxford: Oxford University Press, 256 p.

HOLME, N.A.; MCINTYRE, A.D. (Editors). (1984). Methods for the study of Marine Benthos. Oxford-London-Boston: Blackwell Scientific Publications, 399 p.

HOSS, D.E.; THAYER, G.W. (1993). The importance of habitat to the early life history of estuarine dependent fishes. American Fisheries Society, v. 14, p. 147–158.

HOUTVEN, George et al. (mar. 2022). Act Now or Pay Later: The Costs of Climate Inaction for Ports and Shipping. Environment Defense Fund. Research Triangle Park: RTI International.

INÊS, A. I. P. da. PIRES, P. M. P. LEITE, M. P. MOREIRA, A. C. (2021). As pequenas e médias empresas e o desafio da inovação aberta. Gestão e Desenvolvimento, (29), 199-221. DOI: 10.34632/gestaoedesenvolvimento.2021.10030.

IPCC – Intergovernmental Panel on Climate Change. (2001). Climate Change 2001 – The scientific basis – contribution of the Work Group I to the Third Assessment Report of the IPCC. Cambridge: Cambridge University Press. 881 p.

IPCC – Intergovernmental Panel on Climate Change. (2007). Summary for Policy Makers – Contribution of Work Group I to the Fourth Assessment Report of the Intergovernmental Panel on Climate Change. 18 p. Disponível em: [Inserir URL]. Acessado em abril de 2024.

KEMP, R.; PEARSON, P. (2007). Final report MEI project about measuring eco-innovation. Maastricht, Netherlands: UNU-MERIT.

KERZNER, H. (2019). Innovation Project Management: Methods, Case Studies, and Tools for Managing Innovation Projects. Hoboken: John Wiley & Sons.

KOELLER, P. et al. (2020). Ecoinovação: revisitando o conceito.

LIMA, Francisco Arenhart da Veiga; SOUZA, Danilo Couto de. (2022). Climate change, seaports, and coastal management in Brazil: An overview of the policy framework. Regional Studies in Marine Science, Volume 52, 102365. ISSN 2352-4855. DOI: 10.1016/j.rsma.2022.102365.

MARCOLIN, F., VEZZETTI, E., & MONTAGNA, F. (2017). How to Practice Open Innovation Today: What, Where, How and Why. Creative Industries Journal, 10(3), 258-291. https://doi.org/10.1080/17510694.2017.1393178

MARTINS, A. L. P.; LOPES, M. J. S.; MELO, O. T. (2006). Zooplâncton como bioindicador da qualidade ambiental

no estuário do Rio Anil, São Luís, Maranhão. Boletim do Laboratório de Hidrobiologia, 19, 51-60.
MOSER, Hans; HAWKES, Peter J.; ARNTSEN, Øivind A.; GAUFRES, Pierre; MAI, France Stephan; PAULI, Gernot; WHITE, Kathleen D. (2008). "Envicom – Task Group 3: Waterborne transport, ports and waterways: A review of climate change drivers, impacts, responses and mitigation". International Navigation Association (PIANC).
OECD, Eurostat. (2018). Oslo Manual 2018: Guidelines for Collecting, Reporting and Using Data on Innovation. 4ª ed. Paris/Luxembourg: OECD.
ORR, David. Earth in Mind: On Education, Environment, and the Human Prospect. Washington, DC: Island Press, 1994.
Pamponet, A. V. (2009). Auditoria interna de processos. Fortaleza, CE - 30 de julho de 2009. Disponível em: https://portaldeauditoria.com.br/artigos/auditoriainternadeprocessos.pdf. Acesso em 24 jan 2024.
PBMC (Painel Brasileiro de Mudanças Climáticas). (2016). Mudanças Climáticas e Cidades. Relatório Especial do Painel Brasileiro de Mudanças Climáticas [RIBEIRO, S.K., SANTOS, A.S. (Eds.)]. COPPE, Universidade Federal do Rio de Janeiro, Rio de Janeiro, Brasil. 116 p.
POFFO, Íris Regina Fernandes. (2021). Acidentes Ambientais em Áreas Portuárias: Percepção de Risco e Reações na Visão Ecossistêmica. 1ª ed. Curitiba: Brazil Publishing.
POPA, S., Soto-Acosta, P., & Martinez-Conesa, I. (2017). Antecedents, Moderators, and Outcomes of Innovation Climate and Open Innovation: An Empirical Study in SMEs. Technological Forecasting & Social Change, 118, 134-142. DOI: 10.1016/j.techfore.2017.02.014
SILVA, Christian Luiz da et al. (2012). Inovação e sustentabilidade. Curitiba: Aymará Educação. (Série UTFinova).
SIMÕES, P., MOREIRA, A. C., & DIAS, C. (2020). Portugal's Changing Defense Industry: Is the Triple Helix Model of Knowledge Society Replacing State Leadership Model?

Journal of Open Innovation: Technology, Market, and Complexity, 6(4), 1–19. DOI: 10.3390/joitmc6040183.

SOARES, Rômulo de Araujo. (2015). Modelagem do transporte de ictioplâncton no complexo estuarino de São Marcos, Maranhão - Brasil. São Luís: Universidade Estadual do Maranhão, Dissertação de Mestrado.

SOUSA, Lorena Karine Santos. (2018). Efeito da atividade de dragagem sobre a macrofauna bêntica do complexo portuário de São Luís, Maranhão. Dissertação (Mestrado) – Programa de Pós Graduação em Oceanografia, Universidade Federal do Maranhão/UFMA, São Luís. Disponível em: https://tede2.ufma.br/jspui/bitstream/tede/2187/2/Lorena%20Karine%20Santos.pdf.

Sweeney, John; Albanito, Fabrizio; Brereton, Anthony; Caffarra, Amelia; Charlton, Ro; Donnelly, Alison; Fealy, Rowan; Fitzgerald, Joanne; Holden, Nicholas; Jones, Mike; Murphy, Conor. (2008). Climate Change – Refining the Impacts for Ireland: STRIVE Report (2001-CD-C3-M1) ISBN: 978-1-84095-297-1.

TERRA, J. C. (2018). 10 dimensões da gestão da inovação: Uma abordagem para a transformação organizacional. Rio de Janeiro: Alta Books.

THE WORLD BANK. (2007). Port Reform Toolkit. Public-Private Infrastructure Advisory Facility. Second Edition. pp. 81-84.

THRUSH, S.F.; DAYTON, P.K. (2002). Disturbance to marine benthic habitats by trawling and dredging: Implications for marine biodiversity. Annual Review of Ecology, Evolution, and Systematics, v. 33, p. 449–473.

United States Commission on Ocean Policy (USCOP). (2004). An Ocean Blueprint for the 21st Century. Final Report. Washington, DC: United States Commission on Ocean Policy.

United Nations Framework Convention on Climate Change (UNFCCC). (2009). Fact Sheet: The Need for Mitigation.

United Nations Framework Convention on Climate Change (UNFCCC). (2011). Highlights of the Contribution of the

Nairobi Work Programme: assessing climate change impacts and vulnerability, making informed decisions.

United Nations Conference on Trade and Development (UNCTAD). (2008). Maritime transport and the climate change challenge. Note by the UNCTAD secretariat. Geneva: United Nations.

Willersi, C. D.; Rodrigues, L. B.; Silva, C. A. da. (2012). Avaliação do ciclo de vida no Brasil: uma investigação nas principais bases científicas nacionais. UESB, Itapetinga, BA, Brasil. Publicação nesta coleção em 05 de junho de 2012. Data do fascículo em junho de 2013. Disponível em: https://www.scielo.br/j/prod/a/drtHRpqTk9hJ3XSZhGD4CHx/. Acesso em 17 de dezembro de 2023.

ZAGO, Valéria Cristina Palmeira; BARROS, Raphael Tobias de Vasconcelos. (2019). Gestão dos resíduos sólidos orgânicos urbanos no Brasil: do ordenamento jurídico à realidade. Engenharia Sanitária e Ambiental, volume 24, número 2, páginas 219-228, março/abril.

pólen bold 90 gr/m2
tipologia calisto mt
impresso no inverno de 2024